U0925941

东方·剑桥 世界历史文库
Orient & Cambridge World History Library

# A History of Egypt

# 埃及史

阿菲芙·鲁特菲·赛义德·马索特 著　邹冬心 译

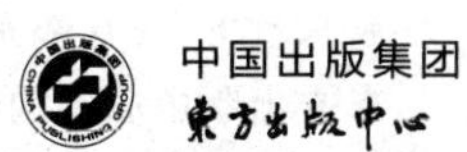
中国出版集团
东方出版中心

**图书在版编目(CIP)数据**

埃及史 / 阿菲芙·鲁特菲·赛义德·马索特著；邹冬心译. —上海：东方出版中心，2018.2
(东方·剑桥世界历史文库)
ISBN 978-7-5473-1200-1

Ⅰ.①埃… Ⅱ.①阿… ②邹… Ⅲ.①埃及—历史 Ⅳ.①K411

中国版本图书馆 CIP 数据核字(2017)第 261284 号

上海市版权局著作权合同登记：图字 09-2017-896 号



责任编辑：曹雪敏
责任印制：曹毅波
装帧设计：罗　洪

**埃及史**

---

**出版发行**：东方出版中心
**地　　址**：上海市仙霞路 345 号
**电　　话**：(021)62417400
**邮政编码**：200336
**经　　销**：全国新华书店
**印　　刷**：常熟市新骅印刷有限公司
**开　　本**：720×1000 毫米　1/16
**字　　数**：142 千字
**印　　张**：10.5
**版　　次**：2018 年 2 月第 1 版第 1 次印刷
ISBN 978-7-5473-1200-1
**定　　价**：32.00 元

---



**东方出版中心邮购部　电话：(021)52069798**

献给我的母亲,阿提亚·拉什万

致 V1 和 V2,以我全部的爱

# 目录 Contents

# 前　言

本书的主题是埃及百姓与其统治者间的疏离(alienation)①。从公元 639 年被阿拉伯人征服到 1882—1954 年被英国占领，埃及人遭受了各种形式的外国占领。长久以来，埃及人不得不应对异族统治者或由异族人主导的统治者们，因此一个真正的民族政府只有到 1952 年以后才可谓存在。但是在整个异族统治时期，土生土长的埃及人始终认为存在一个确定的、不变的疆域，谓之“埃及”。她有着确定的自然边界，哪怕作为一个帝国的中心或仅仅作为一个行省被纳入一个帝国的版图，也依然是单独的一片领土。因此，埃及本地人在应对异族统治者时，一直依附着这片他们认同为“埃及”的确定的疆域。在民族主义时代使人们意识到民族亲缘性之前，埃及人就已经意识到他们生活在一片叫作“埃及”的土地上。

随着 1952 年以后第一届由埃及本土人自己管理的政府成立，人们本来期待统治者与被统治者之间的疏离将会终结，但这一疏离却一直在延续。因为 1952 年以后的历届政府都过于缺乏自信，不能成为一个真正的代议制政府，所以都选择了独裁、高压统治，结果变成代表既得

① alienation 的意思可以是疏离、隔阂、被排除在外等。因为作者以此词为主题，所以在翻译时除特别不通顺的地方以外，尽量一律使用“疏离”。另，全书原文并无脚注，所有脚注均为译者注。

利益而非多数人利益的集团,这是此后历任政府的特征。哪怕允许政党存在,它们的自由也受到限制,以免它们投票赞成更换当权者或现政权。

萨达特去世后,胡斯尼·穆巴拉克上台执政。他允许政党改革并进行议会选举。但是除了支持政权的主要党派以外,其他都是少数党,它们的成员还常常被禁止活动。因此一般埃及人对自己在议会中的代表并不抱多少信心,觉得他们不能真正代表自己。况且,内阁对总统而不对议会负责。穆巴拉克总统曾对公众许诺不会寻求第四次连任,但 1999 年 7 月上演了一场大规模的运动,向他宣誓效忠,即给予他"*baya*",一种早期的阿拉伯仪式,人们通过这一仪式给予他们期望成为领导者的对象以支持。随之而来的是一场同样声势浩大的公关活动,把穆巴拉克描绘成唯一可行的候选人。于是他在没有竞争对手的情况下参选,于 1999 年 10 月再次当选。尽管政府声称投票率很高,但大多数人其实并未参与,以示不满。在 7 000 多万人口中,据说有1 500万人投了赞成票。庆祝总统当选的旗帜在投票开始两天前就已经制作完成。在他的任期中,总统曾允诺会有重大变化,但少有兑现。他也曾宣布不会第五次参选,但又改了主意。他唯一的对手艾曼·努尔(Ayman Nour)最终入狱,穆巴拉克第五次连任。因为穆巴拉克已从 1981 年掌权至今①,所以毫不意外,埃及公民们对他的政府不仅抱有怀疑和不信任,还伴随着疏离。

我要感谢哈拉·法塔赫(Hala Fattah)女士不辞辛劳地阅读手稿,帮忙编纂索引,更重要的是,还为我提出宝贵意见,使书稿得到巨大改进。我也同样感谢我的丈夫阿兰·马索特(Alain Marsot)博士,他承担了上述同样的工作,并感谢他面对书稿几经修改依然不厌其烦。

---

① 在大规模反政府示威要求下,穆巴拉克已于 2011 年 2 月 11 日辞去总统职务。

布拉克
哈里吉河
里达尼亚，
朝圣池，
冒塔利亚，
希尔雅古斯
哈里吉河
阿滋巴
克耶（区）
1326年以来的河岸
法蒂玛王朝
时期的开罗
约公元1200年时期的河岸
祖维拉门
尼罗河
哈里吉河
象池
大城堡（即
萨拉丁城堡）
广场
卡伦池
格塔伊阿
穆卡塔姆山
劳代岛
死人城
约公元800年时期的河岸
N
弗斯塔特
0
1公里
0
1英里

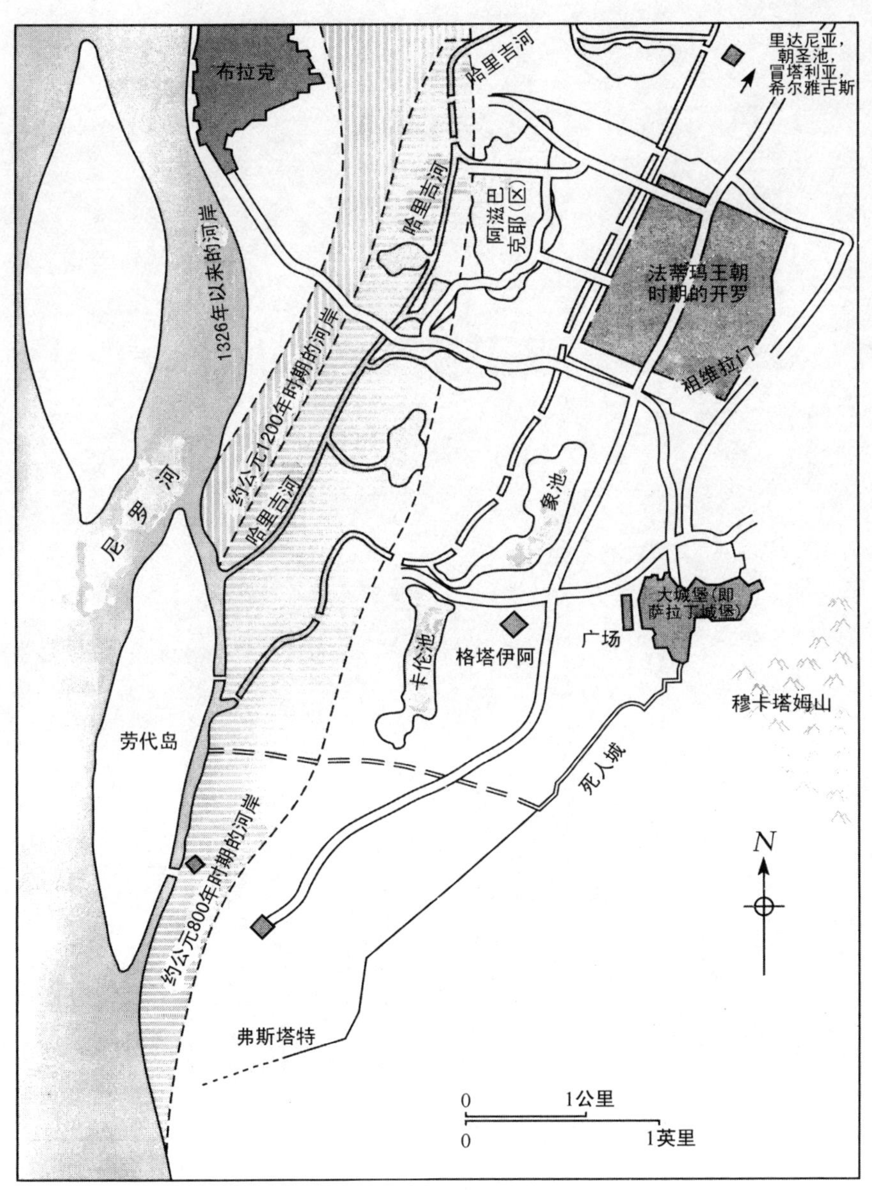

中世纪时期的开罗

# 第一章　从阿拉伯征服埃及到阿尤布王朝结束（639—1250）

在阿拉伯人的第二任哈里发欧麦尔(Umar)统治时期,阿拉伯军队 1
在阿慕尔·伊本·阿绥(Amr ibn al-As)的率领下于公元639年入侵并征服了埃及。当时埃及是拜占庭帝国的一个行省,由住在首府亚历山大港的总督统治。埃及的居民是被称为科普特人的一性派基督教徒(Monophysite Christians),他们不同于信奉麦尔凯特(Melkite)基督教的拜占庭人。拜占庭人把一性派当作异端并把该派信徒作为异教徒对待。两派之间的差别源自对耶稣本质的争议。科普特人相信耶稣只有神性,而拜占庭人相信耶稣兼有人性和神性。因此,埃及人受到其统治者的宗教歧视和迫害,同时还得承担沉重的税收来支付拜占庭与其主要对手萨珊帝国(the Sassanian empire)之间常年征战的开支。简言之,埃及百姓厌恶拜占庭的统治,反感加诸其身的异端罪名;他们也对苛捐重税满腹怨言。百姓与统治者间的疏离是这一时期的标志,也将是接下来连续几个时期的共同特点,因为统治者和被统治者之间存在语言、宗教或种族的差别。在政府高效、管理清明之时,这种疏离对百姓而言也许算不了什么,但在虐政盘剥时期就变得重要起来。

拥有8 000骑兵的阿拉伯军队发现征服埃及实为易事,因为当地领袖与新来的征服者们合作，共同对抗拜占庭的统治者，将本国门户敞开给阿拉伯人。埃及人相信比起拜占庭人，阿拉伯人会是更为宽容的
2 统治者，还会给他们减税。此时希腊[①]在埃及的影响力相对弱小，因为东罗马帝国正忙于在其他前线与阿拉伯人开战，并且已经在 636 年被阿拉伯人夺去了叙利亚地区的几个行省。阿拉伯人和拜占庭人之间的主要战役发生在赫里奥波利斯(Heliopolis)，这场战役决定了阿拉伯人能长驱直入到埃及的其余地区。阿拉伯人并没有按当时通行的做法劫掠国家、奴役百姓，而是征收贡税，俘虏均被释放，因为哈里发欧麦尔说过，“贡税优于劫掠，可更长久”。

埃及人被允许选择改信伊斯兰教，或者保留原有信仰但须缴纳人丁税。如果选择后者，他们和阿拉伯征服者之间会签订如下协约：“以至仁至慈的真主的名义，特此赦免埃及黎民及其宗教、财物、教堂和十字架、土地河流，皆不可侵犯强夺。”作为回报，当尼罗河水上涨到 16 肘尺[②]，即预示丰收的时候，埃及人应当缴纳土地税；若不然则免税。他们也被要求承担招待穆斯林客人三天的义务。

拜占庭皇帝拒绝承认阿拉伯人和埃及人签订的协议，但是当地的科普特总督联合阿拉伯军队主帅兼新任埃及总督阿慕尔·伊本·阿绥，反对拜占庭，支持条约。到 641 年，拜占庭尝试收复埃及的努力终告失败，整个埃及被纳入扩张中的阿拉伯帝国的版图。大多数埃及人仍然信奉基督教并使用他们自己的语言，所以阿拉伯化和伊斯兰化的最终实现要到几个世纪以后。埃及至此成为一个庞大的阿拉伯穆斯林帝国的一部分，逐渐开始采用一种新形式的政府和管理。统治者还是异族人，他们说着异族语言，信奉异族的神。在阿拉伯人及之后继任者
3 的统治下，拜占庭时期统治者和被统治者之间疏离这一特征将一直延续。

新任埃及总督阿慕尔执政公正、高效。因为阿拉伯人以迅猛的速

① 此处即指拜占庭。

② 古代长度单位，相当于前臂的长度。

度建立起帝国,并无余暇发展自己的行政机构,所以他们在各征服之地采取当地已有的政府形式。直到 7 世纪末,一种新的管理形式才成型。拜占庭的政府体系除了几处微小变化以外均沿用下来,即把国家划为省份,各省由省长统治,省长对派驻在亚历山大港的总督负责。大体上,这一体系除了些许调整外,在接下来的埃及历史上一直沿用。首都从亚历山大港迁至一个更中心的地区。一座被称为弗斯塔特(Fustat,意为帐篷)的新城被建立起来,成为新的首都,位于现今开罗往南几英里处。新城中心建起了一座清真寺,称为阿慕尔清真寺,虽然几经改造、重建,仍保留至今。

起初埃及人颇有些瞧不起举止粗鲁的阿拉伯人。阿慕尔睿智洞明,据说他决定给埃及人一个教训。他举办了一次为期三天的宴会,邀请所有人参加。宴会首日,他用骆驼作为主菜,惯于享用精致馔食的埃及人大倒胃口,而阿拉伯人则大快朵颐。次日,他招待的是埃及风味,他的手下同样狼吞虎咽一点不剩。第三日,他让士兵排列成战斗队形,向他们发表演讲:“第一天的招待是要告诉你们沙漠里的阿拉伯人平时吃什么;第二天是要告诉你们,我们也能欣赏被我们征服之地的美味;第三天是要告诉你们,我们依然英勇善战。”埃及人记住了这个教训。哈里发欧麦尔赞赏阿慕尔的手腕。他评论说,战争的艺术不光取决于武力,也依靠智慧。

阿慕尔反对劫掠,因此没有发生破坏、毁灭的行为。他下令焚毁亚 4
历山大港那所著名图书馆的故事是 600 年以后才出现的杜撰。他也没有从埃及人手里没收任何土地。哈里发欧麦尔严令禁止任何阿拉伯人在埃及占有土地,因为他担心这些利益会使军队流失,转为依附土地。欧麦尔对此政策态度坚决,连阿慕尔询问是否可以为自己建一栋房子的时候也被拒绝了。

埃及总督由身处麦加的哈里发任命,但是总督可以任命三位主要官员:军政官、大法官(卡迪[*qadi*])和财政官。军政官掌管军队和警察;大法官主管司法;财政官监管税收。通常财政官由哈里发任命,因为除收税外,他的职责还包括给总督拨款以支付行省的开支,并将剩余税款送往海外的帝国国库。

大部分税金来自人丁税。人丁税仅适用于有收入的男性，妇女、儿童、老人、牧师、基督教和犹太教的宗教高层人士都无须缴纳。当时有总共 150 万英亩的可耕地须缴纳土地税(*kharaj*)。男丁人口据估计在 600 万至 800 万之间，推算总人口约在 2 000 万至 3 000 万。田地产量由于阿慕尔推行的一系列灌溉工程而增加，并且似乎存在一个由官员组成的中央机构监管全部的灌溉工程。尽管各省负责维护各自的堤坝、水坝和河渠，整个灌溉系统成为一个中央化的体系。徭役，即强行征用劳力，是维护、清理、修缮作为灌溉系统生命线的河渠和堤坝的手段。阿慕尔重新疏浚连通尼罗河和红海的古运河，以便把谷物运往汉志(Hijaz)。埃及成为阿拉伯人的粮仓。这条运河持续使用了 80 年，直到被再次忽略，最终完全为泥沙所堵塞。

5 埃及人对阿慕尔的贤明统治感到满意。然而哈里发欧麦尔于 644 年去世，由奥斯曼接任。奥斯曼用他的同乳兄弟阿卜杜拉替换了阿慕尔。阿卜杜拉提高赋税，增加了财政收入，但给人民带来更沉重的负担。奥斯曼告诉阿慕尔上缴给首都的税款增加了，说“骆驼能挤出更多奶”。阿慕尔反驳道，“是，但害了幼崽”。阿卜杜拉的严苛政策导致不满情绪在民众中蔓延。人民奋起反抗，拒绝让从巴勒斯坦返回埃及的阿卜杜拉入境。这场关于埃及的政治控制的斗争一直延伸到麦加。最终哈里发奥斯曼被一伙来自埃及的阿拉伯人刺杀身亡。这个团伙由一个麦加的贵族带头，他们不满阿卜杜拉的埃及政策，并且想寻求帝国政治权利更公平的分配。

奥斯曼遇刺之后，先知的堂弟兼女婿阿里成为第四任哈里发。奥斯曼的堂弟，时任叙利亚总督的穆阿威叶(Muawiya)，要求为堂兄之死复仇，并获得了阿慕尔的帮助。有了阿慕尔的出谋划策，穆阿威叶的复仇要求很快上升为对哈里发地位的争夺。穆阿威叶最终在阿里之后继任哈里发(由此建立了伍麦叶王朝[the *Umayya* dynasty of caliphs])，他将埃及总督的职务及全部税收赐予阿慕尔。据说埃及行省极为富裕，史学家们说阿慕尔在 664 年 90 岁去世时，留下了

2 阿达布(*ardabs*)[1],即 396 磅的黄金。史学家们还补充说,阿慕尔的儿子们拒绝继承这些黄金,认为它们攫取于罪恶。[2]

阿慕尔死后两个世纪,埃及由 98 位总督相继统治。这些被任命的总督们性情不一、想法各异,他们与人民的关系、自身的经济需求、帝国国库的需求等都有不同,所以对埃及的统治时而温和宽容,时而严苛并伴以宗教压迫。不同的阿拉伯部落获得允许迁移到埃及,他们定居下
来和当地人通婚,加快了埃及的阿拉伯化进程。先前欧麦尔制定的禁 6
止阿拉伯人在阿拉伯半岛外占有土地的法律成了一纸空文,阿拉伯人现在开始在埃及和新征服的其他地区拥有土地。

随着伍麦叶王朝的建立,特别是在阿卜杜拉·马立克·伊本·麦尔旺(Abd al-Malik ibn Marwan)统治时期(685—705),行政体系开始转变。公共事务记录册使用的语言从原先的科普特语改为阿拉伯语,因此科普特人如果不学阿拉伯语,就必然被阿拉伯人排挤出行政体系。随之而来的是货币的变化,变成了纯粹的伊斯兰货币,并在帝国的首都、现在的大马士革铸造。有规律的邮政业务把各行省的省府更紧密地与帝国首都联系到一起。这些财政和行政方面的变化最终把讲科普特语的基督教的埃及转化为讲阿拉伯语的穆斯林的埃及,只留存下一小部分基督徒少数派,即科普特人,今天他们大约占总人口的十分之一。科普特语日渐式微,变成只有牧师和僧侣使用的宗教礼拜语言。19 世纪曾有过一场科普特语复兴运动,但并不十分成功。

将阿拉伯半岛搅得四分五裂,并推翻了几任哈里发和王朝的派系和政治冲突,同样席卷埃及。定居于此的不同族群的阿拉伯穆斯林之间的冲突导致了一系列叛乱,埃及深陷其中。冲突在正统(逊尼)多数派穆斯林和追随阿里的少数派(什叶)穆斯林之间扩散。后者相信穆斯林的领导权应当归属阿里及其后裔。科普特人也数次反叛,抗议沉重的赋税。他们的叛乱均被残酷镇压,每一波镇压之后,都有一些科普特

---

① 当时埃及使用的重量单位。

② 此处作者没有说明“史学家们”是哪些人,是当时的史学家还是后世或当代的史学家并不清楚。

人改投伊斯兰教,以期逃避未来的压迫。还有一些人为了免缴人丁税而成为穆斯林,却是徒然。因为在伍麦叶王朝时期,除了短暂的两年间,其余时候他们都被强制纳税,哪怕已经改信伊斯兰教。当然也还是有其他人出于各种常见于皈依者的缘由而改信伊斯兰教。

7 伍麦叶王朝的统治者们采取的政策是避开在帝国行省区域内解决内部问题,他们喜欢使用镇压或军事扩张来转移注意力。因此帝国内部冲突的根由从未被正视,反而持续恶化。冲突主要源自不公正的税收和加重的剥削,尤其是此时埃及人还未对阿拉伯征服者形成认同。

在接替伍麦叶王朝的阿拔斯统治者治下(750—1258),埃及的景况即使不是更糟,也同样不济。这些冷酷而不择手段的统治者虐待百姓,用非法的手段榨取钱财。面对权力滥用,民众现在唯一可用来保护自己的方法是向大法官,即卡迪,申诉。法官主管司法(伊斯兰教教法[the *sharia*])。伊斯兰教教法的依据是《古兰经》、圣训和阿拉伯帝国各地方的风俗惯例。四大法律学派最终被认可具有同等效力,但在埃及只有其中三家被尊奉:沙斐仪学派、马立克学派和哈奈斐学派。法官保护百姓免遭贪得无厌的总督们的伤害,因为他可以裁定一项税收程序是否合法,一种新税是否可被征收。尽管总督们横征暴敛,弗斯塔特城还是繁荣了起来,成为一个都市,一个商业和贸易的中心。

从834年开始,埃及作为一个军事采邑(*iqta*)被分封给已经在阿拔斯王朝的都城巴格达攫取了权力的突厥寡头集团的成员们。埃及总督于是从阿拉伯人换成了突厥军事将领。他们以埃及作为封地,把它当作私人所有物,而不是按照固定的成规管理的帝国的一个行省。在某种意义上,这种私人形式的政府使埃及独立于帝国的其余行省,并发展出(有人说是继续)某种形式的自我认同——一种对埃及自我的认可——而非对一个阿拉伯穆斯林帝国的广泛认同。这并非要暗示埃及
8 人在这么早的阶段就发展出了民族认同,而是要指出他们从法老时代开始就已经认同自己是生活在这片被称为“埃及”的确定的、不变的地域上。有时,这片地域作为一个行省被纳入一个帝国;有时,它成为一个帝国的中心。尽管经历了政治和管理上的跌宕起伏,这个国家一直

维持着它被自然边界划定的疆域,尼罗河两岸的沙漠保护它免遭入侵,北部是地中海这一天然屏障。当一个埃及居民把自已看作一个村庄或城镇的一员、一个宗教群体的一员,属于一个明确的种族——埃及土著或埃及化的阿拉伯人时,他也同时认定存在一片被称为埃及的确定的疆土,自己从属于此。

早期的一位由阿拔斯政府于 868 年派往统治埃及的突厥总督是艾哈迈德·伊本·图伦(Ahmad ibn Tulun)。他能干、聪慧、受过良好教育,迅速意识到这个国家的潜力。因为埃及有天然的屏障,又远离帝国首都(也许他也清楚阿拔斯王朝日益无力的统治),他决定成为一个自治国家的统治者,甚至打算沿着商路扩大边界、征服周边领土。因此,伊本·图伦是第一位把埃及变成实际上的独立国家的统治者,接下来的一任接一任投机取巧的总督均是如此,名义上以阿拔斯统治者为尊,事实上独立自治,除了还在周五聚礼时提到哈里发的名字,并缴纳一些微薄贡税。在周五聚礼时提哈里发的名字以及铸造钱币是当时公认的君主的两项特权。

伊本·图伦在确定其对埃及的绝对权威之后,为自己建立了一座新的都城。该城位于弗斯塔特以北,他命名为格塔伊阿(al-Qatai,辖区[the Wards]),因为他军中的各个族群、不同分工的仆从居住在各自被指定的区坊内。该城面积为 1 平方英里。城内有一座被巨大花园环绕 9
的宫殿,另一座宫殿里住着后宫的女人们。还兴建了跑马场、马厩和一座豢养统治者喜爱的野生动物的小动物园。一个科普特建筑师设计并建造了一座宏伟到能容纳下全部军队的清真寺。这座矗立至今、仍用于礼拜的清真寺,从建筑的角度看很有意思。它用砖块作为建筑材料,而不是当时更常见的石块。它的尖肋拱顶也很特别,有一位历史学家认为比英格兰类似的拱顶早了 200 年。拱顶的石膏艺术和彩色玻璃窗美得惊人。清真寺的外墙被各种商铺包围。据说生意极好,以至于商铺能够一日三易其主,不同的商家各自工作三分之一天就能赚到足够的钱满足所需。图伦还兴建了其他公共工程,例如从尼罗河引水至宫殿的引水渠,还修复了位于劳代岛(Roda)测量尼罗河泛滥高度的水位计。

图伦为人慷慨大方。他每日分发救济给穷人,还款待任何来访的客人,不论阶层。据说他花费了几乎 50 万第纳尔(当时的金币)来建立新城,很快他需要资金来支持他的各种慈善活动、建设项目和军队。于是他减少向帝都缴纳的贡税,后来他和哈里发起了冲突,便彻底停止纳贡。埃及的财政收入据说仅有 4 300 000 第纳尔一年,所以除税收外,图伦很可能有其他增加收入的途径。他逼迫控制着大片土地的宗教高层借钱给他,但不久之后他就改变主意,决定沿着主要商道,向叙利亚的方向扩张领土。控制叙利亚可以确保增加财政收入,但也导致他和哈里发产生冲突。哈里发派出军队来压制这位封臣。但哈里发的军队
10 从未能靠近埃及边境,由于缺乏发动远征的资金而不得不撤退。图伦的另一次沿着地中海岸的扩张行动,使他的统治版图覆盖到巴尔卡(Barka)[①]。征服叙利亚之后,图伦铸造了同时印有他自己名字和阿拔斯哈里发名字的货币。他还试图向麦加方向扩张领土,但他的军队被击退,清真寺的教长们也在礼拜演讲时诅咒他,居然做出攻击圣城这样令人发指的行为。

在伊本·图伦的德政治理下,埃及兴盛起来。他对行政部门用心监管,确保税收官公正对待百姓,因此农业和商业繁荣发展。阿拔斯哈里发派来的财政官侵占公款的行为也被严格禁止。更多的财政来源被开发出来,因而税收不增反降。统治者的财富并非掠夺自百姓;相反,他与百姓们共享新的财富。图伦的慷慨众所周知,他从未拒绝任何向他寻求帮助的人。然而他性格鲁莽,有时会处死他的扈从,但这些行为并不影响当地百姓,他们在图伦治下满足安定。

图伦去世时留下了 1 000 万第纳尔和一支由 100 艘船组成的舰队,我们可以从中一窥其商业财富,还有一家拥有 300 匹马的种马场,数千头驴子、骡子和骆驼。他的次子胡木拉伟(Khamarawaih)继位,由此埃及政治转变为王朝世袭。图伦有 17 个儿子,他在叙利亚征战期

---

① 位于利比亚。

间,其长子谋反,因而被终生囚禁。伊本·图伦死后,良政随之而亡。他的继任者们挥霍无度,没有治国才干,相互争斗抢夺继承权,耗尽了国库。这在胡木拉伟死后尤其显著。图伦王朝统治者和阿拔斯哈里发之间的关系很紧张,甚至连胡木拉伟的女儿盖特尔·奈达(Qatr al-Nada,露珠)嫁给了哈里发之后也是如此。关于这位公主婚礼准备的 11
描述令人瞠目,读起来就像《天方夜谭》里的故事。她的父亲沿着通往巴格达的路修建了一连串的宫殿,这样女儿在到达巴格达之前每晚都能在宫殿里就寝。图伦王朝的最后一位统治者最终被哈里发的军队打败,军队抢掠摧毁了格塔伊阿城,城中除清真寺外无一幸免。埃及百姓被入侵者当作被征服人口对待,抢劫和压榨使这一才享受了空前富裕和繁荣的国家陷入低谷。

接下来的30年,在突厥总督和他们任性妄为、没有纪律约束的军队的控制下,埃及的治理成了闹剧。跟着总督们来的士兵和他们的统领谈条件,被迫依靠士兵在异国维持统治的总督们从百姓那里榨取钱财来换取军队的满足。总督们对领土的控制往好里说也是摇摇欲坠,还经常受到来自北非的侵略军的骚扰。帝都派去的财政官腐败、敛财,本该守卫和保护国家的士兵更是经常任意地抢劫洗掠。

穆罕默德·伊本·突格吉·伊赫什德(Muhammad ibn Tughg al-Ikhshid)于935年就任总督,良政终于再次到来。他以铁腕平复内乱、恢复秩序,11年间再无动乱发生。伊赫什德在被任命为埃及总督前担任大马士革总督。他带来自己的军队,因此有能力控制局势,开创出一个受人欢迎的和平繁荣的时期。伊赫什德和他的继承人同时也担任叙利亚、圣城麦加和麦地那的总督,为期30年。之后,阿拔斯哈里发的权威严重削弱,哈里发受他们的禁卫军控制,被随意废黜、致残、挖去双眼。实际权力掌握在军队寡头手中。至此,帝国已经分裂成各个小邦, 12
每个行省的统治者都建立起自己的王朝。伊赫什德曾经庇护一位从禁卫军手里逃亡的哈里发,因此被赐予埃及的世袭统治权。但这位哈里发回到帝都后被禁卫军所杀。伊赫什德和他的继承人一直控制着埃及,但是统治者每次更替都要寻求哈里发的认可,因为埃及名义上还是阿拔斯帝国的行省,哪怕阿拔斯人已经几乎或完全失去了对埃及的影响力。

记录这段早期历史的史学家们对平民的生活所述寥寥,他们只会记述政府是否暴虐、国家是否繁荣。然而我们还是能找到一些关于全国性节日的描述,有些节日至今还在举办。其中一个节日庆祝夏天尼罗河水上涨,到 9 月中旬决堤时,河水就能自由泛滥。焦干的土地被淤泥与河水浸润,来年谷物丰收、生活富足的希望重又点燃。只有当尼罗河水位计测量到水位上涨至 16 肘尺,才会如此。如果水位过高或过低,饥荒的阴影就会徘徊不去,因为土地要么太干枯、要么被泡烂,两种情况庄稼都会被毁。一旦洪水在 1 月份退去,人们开始重修堤坝、播种,然后收割。一个由水坝和河渠组成的系统可以存贮一些尼罗河水,尼罗河沿岸的条状地带通过灌溉可以一年耕作两季。使用水车(*saqiya*)或者螺旋升水泵(*shaduf*)这样的工具,把沟渠里的水引出来浇灌到土壤里。埃及以农业为主,这种状况一直持续到 20 世纪中叶。

从古埃及时期开始,尼罗河水上涨就是一个被埃及人欢庆的节日。在古代,据说一位尼罗河新娘会被活生生地投入河中,以象征大地与河水的结合。当埃及人改信基督教以后,这一盛会被当作主显节来庆
13 祝,被重新命名为"洗礼节"以纪念耶稣受洗。到穆斯林统治时期,人们继续庆祝这一节日,认为它体现了真主的恩赐,让河水年复一年忠实地给予人们馈赠。

节日期间,尼罗河两岸和整个城市装点起彩灯或火炬。百姓们或聚集在岸边,或乘着灯火闪烁的船只航行于水面。人们穿着节日盛装,在河岸上野餐、演奏音乐、唱歌跳舞,庆祝洪水将至。人们相信节日当晚在尼罗河里游泳能祛除疾病。

从 947 年到伊赫什德王朝结束的 22 年间,埃及由一个叫作艾布·米斯克·卡夫尔(Abu al-Misk Kafur)的黑人宦官统治,他曾经是伊赫什德的儿子们的家庭教师。时值埃及为一系列的自然灾害所祸。强烈的地震之后,据说一场大火又烧毁了弗斯塔特的 1 700 幢房屋。尼罗河连年的低水位导致饥荒和贫困,来自南面的入侵使上埃及地区一蹶

不振,并使那里全部的庄稼被毁。尽管灾祸连连,卡夫尔还是维持了一个诗人、艺术家云集的豪华宫廷。当时最伟大的阿拉伯诗人穆台奈比(al-Mutanabbi)也是其中之一。起初穆台奈比被邀请到埃及并接受慷慨馈赠的时候,写了许多颂词,赞美这位慷慨的新资助人。但他很快发现自己实质上成了囚徒,无法离开宫廷或这个国家。后来他终于逃脱,写出了最尖锐和绝妙的讽刺来攻击这位曾经的金主。有那么一小段时间,诗人们向卡夫尔谄谀取悦。其中一人把致使该国一片疮痍的地震归因于连大地见到他这样英明的统治者都快活地舞蹈起来。哪怕是敷衍假意的赞美,卡夫尔也乐此不疲。他对统治大权紧抓不放。他建造新的房屋以美化都城,兴修公共工程,把都城变作文化和文明的中心。

城市居民从城市间流通的商业和贸易中获益。但生活在农村的大
部分百姓承担了高额赋税来满足老爷们的奢侈生活。到 10 世纪,大部 14
分埃及居民已经改信伊斯兰教,他们和一波波迁徙而来的阿拉伯人通婚,定居在这片富饶肥沃的土地上。

卡夫尔过世的那一年,968 年,是伊赫什德王朝走向终结的开端。北非的法蒂玛王朝的新生势力无可避免地生出想要征服一个治理不当、衰弱不堪的国家的念头来。969 年,法蒂玛军队入侵埃及,兵临弗斯塔特。

穆仪兹·里丁·安拉·法蒂玛(Al-Muizz li Din Allah al-Fatimi),自称是先知的女儿法蒂玛和先知的堂弟阿里的后代,是这一北非王国的第四任哈里发。将穆斯林帝国分裂为逊尼派和什叶派的宗教分歧也在什叶派中分出一个被称作伊斯玛仪派(或七伊玛目派)的分支。伊斯玛仪派的一位传教士从巴格达来到北非,在当地人中迅速获得了信徒的追随。他成功地鼓舞人们驱逐了最后一位阿布拉比王朝的统治者,并宣布一个由先知的后代领导的新王国的诞生。法蒂玛人在北非的统治由此开始。除了对宗教人士以外,新任统治者究竟是不是先知的后代实际上无关紧要。尽管宗教人士们无法就新的统治者的血统世系达成任何形式的一致,法蒂玛人建立了一个由现在的摩洛哥非斯直到埃及边境的帝国,追随者们也接受了他们关于自己是先知后裔的说法。

法蒂玛军队已经几度侵略并短暂占领过埃及，但都被逼退。在伊赫什德统治埃及的30年间，法蒂玛人未曾试图入侵埃及，但是卡夫尔统治末期清楚表明国家内部空虚、缺乏有才干的继承者，这使法蒂玛人对埃及的征服成为一件易事。直至现代，这是唯一一次埃及被来自西面的力量征服。在此之前唯一一次来自西部的入侵发生在法老时期。

15 穆仪兹受过高等教育，也是一个天生的政治家、一位英明宽容的统治者。他的前几任入侵埃及都无功而返。他仔细制订了入侵计划。在通往埃及的路上挖掘水井，准备好财帛，对军队不吝犒赏，以防止不满的士兵在进军中捣乱。在释奴将领西西里人昭海尔(Jawhar，绥基利[al-Siqilli])的带领下，10万人被派入侵埃及。侵略军受到埃及发生的一系列自然灾害的帮助。967年爆发了一场大饥荒，接着就是一场据说害死了都城大约50万人的瘟疫。然后，卡夫尔去世，埃及一片混乱。969年7月1日，法蒂玛军队开进埃及首都。

昭海尔立即着手开始建造一座军事要塞，作为他主人的新都。新城为四方形，每边长度不足1英里。马格里布的占星家们观测星象，等到吉兆出现才动工开挖地基。绳索被用来标记出这一新建筑物的边缘，绳上系着铃铛，给工人们传达动工的信号。传说一只乌鸦落在绳子上，使铃铛响动起来，大惊失色的占星家们来不及阻止，工人们已经开始挖土。因为已经阻止不及，占星家们回去翻书查看究竟动工时哪颗恒星或行星正处于上升期。他们发现是火星，阿拉伯语称作"al-Qahir"，因此这座新城就被命名为"al-Qahira"，也就是为非阿拉伯语世界所知的开罗。

穆仪兹明智地把谷物运到埃及以缓解饥荒，因此得到了饥民的支持。囤积居奇的商人被判鞭刑，被迫以公道的价格出售粮食给百姓。瘟疫持续了两年，直到971—972年间，一场尼罗河泛滥终于带来了还不错的收成。瘟疫也神奇地匿迹。昭海尔治理有方，直到他的主人到
16 达埃及。昭海尔于970年建造了一座新的清真寺，即用先知的女儿法蒂玛·宰赫拉(Fatima al-Zahra)名字命名的宰赫拉清真寺。建设清真寺和宫殿的公共工程给手工艺匠和艺术家们提供了就业机会，减轻了

城市的窘困局面。

埃及百姓毫无抗拒地接受了一个什叶派穆斯林的统治,尽管他们自己是逊尼派教徒,因为新统治者带来了富足和安定。而且法蒂玛人并不试图把他们的信仰强加给大众。不久圣城麦加和麦地那同北部叙利亚一样承认了穆仪兹对它们的宗主权,在一系列战役之后,叙利亚的其余部分也被征服。埃及再次成为一个跨越两大洲的强大帝国的中心。这个帝国尽管富裕强大,却是由一批拥戴不同于大众所信仰的、另一种形式的伊斯兰教的人统治。通常情况下,宗教信仰的差异不会影响日常生活,但是由于一位法蒂玛统治者对民众施行特别法以及外国士兵的存在,这种差异就凸显出来了。早已习惯了一类士兵——阿拉伯人和突厥人——的埃及人现在得开始习惯另一类——柏柏尔人及(随后)从苏丹来的黑人。最能深切体会到同整个逊尼派世界隔离的人群是负责宗教事务的学者们——乌拉马(the *ulama*)。在法蒂玛人统治埃及的两个世纪中,他们在知识上和学说上都孤立于主流思想。这种孤立使他们发展出自己独立的思想脉络,形成和主流穆斯林不同的思辨过程。他们不仅与主流逊尼派思想隔离,还得面对伊斯玛仪派学者的挑战。虽然他们没有被强加任何限制,但还是不得不应对一种对宗教信仰的不同诠释和一个不同的知识传统。

973 年,穆仪兹终于来到了他的新领地。在他首次召见时,埃及的知识人士聚集一堂,要求他拿出证明血统的凭据和家谱,这样他们才能毫无保留地接受他作为先知后代的身份。许多宗教学者们本人就是先知的直系后裔,也就是人们所称的阿什拉夫(*ashraf*)。据说,当这一
要求被呈到穆仪兹面前时,他拔出剑,说:“这就是我的家谱。”然后他在 17
地上洒满了金币,说:“这就是我的世系。”阿什拉夫们无话可说。这个很可能是杜撰的故事例证了法蒂玛人在埃及的统治——用武力统治,但也有在物质上令人满足的德政。

新的都城实际上就是一个防御工事型的宫殿兼入侵部队的营房。日落以后埃及人禁止入内。同样的,日落以后士兵们也禁止进入弗斯塔特城,以避免任何平民和士兵之间的摩擦。“Qahira”是新任哈里发

及其家眷、仆从和家臣的居所，据说人数达到 1.8 万之众。在城墙之内另有一座小一些的宫殿正对着大宫殿，两者之间有一个能同时容纳 1 万士兵检阅的跑马场。两所宫殿由地下通道连接。史学家们给我们描述了宫殿的内饰是如何奢华。这是一个艺术昌隆的时代，即中世纪盛期；也是一个富裕的时代，与东方和欧洲之间不断扩大的国际贸易以及良政带来了财富。

穆仪兹带来了一支伟大的舰队。很快埃及的港口被扩大；在梅克斯(Maks)建造了一个码头。尼罗河的淤泥沉积使梅克斯到河水的距离拉长之后，布拉克(Bulaq)取代梅克斯成为开罗北部的尼罗河港口。弥斯尔(Misr)①，这一由房屋聚集而形成的古老的拜占庭城市，是开罗南部的尼罗河港口。两个港口都设有军械库和船坞，也都设有海关码头，在货物离港之前征收关税。

这位新任统治者对行政管理的各个方面都有涉及，赢得了他的新子民的尊重。也许他最令人赞赏的行为是废止伊赫什德家族统治时期剥削百姓的包税人(tax-farmers)和税务官制度，并任命新的官员估算、
18 确定什一税和土地税的额度，审查所有百姓关于收税不公或过滥的申诉。尽管收税被严格控制，国家财政收入还是得以增加，因为税官不再截留税款，征税也能做到公正。到此时，伊斯兰贸易和商业的中心已经显然从巴格达转到了开罗。

法蒂玛人在埃及的统治维持了两个世纪直到 1171 年。有一些统治者和他们的维齐尔(viziers，大臣)贪婪无度、不顾臣民们的福祉；另一些则能在敛财和民生间保持平衡。法蒂玛军队在刚进入埃及时是一支完全由柏柏尔游牧部落组成的军队，为自身严格的纪律性而自豪。但在突厥雇佣军和来自南部的苏丹部队加入以后，这支军队不久就失去了内部的同质性和纪律性。这些不同的种族派系内讧争斗、野蛮破坏，很快成了统治者和倒霉的百姓们的噩梦。

---

① 这一名词是阿拉伯语名字的罗马拼写法，现在一般用以指“埃及”这个国家，或者本国人用来指称首都“开罗”。

穆仪兹的儿子阿齐兹(Aziz)继承王位。他是个英明的统治者,支付给行政官员们固定的薪水来消除腐败,但也正是他从国外招纳了突厥士兵。但阿齐兹的儿子哈基姆·比艾木尔·安拉(al-Hakim Bi-Amr Allah,奉真主之命统治之人),如果不说是怪人,至少是个令人费解的人物。在他治理时期,通过了稀奇古怪的法律。例如,鞋匠被禁止为女性制鞋,因为女性被禁止离开家门,不允许在公共场所出现。"*Mulukhiyya*"(锦葵)是埃及人爱吃的一种食物,也被禁止食用,就是因为导致了先知的女婿下台、建立伍麦叶王朝的哈里发穆阿威叶爱吃锦葵。游戏也被禁止。啤酒、葡萄酒,以及蜂蜜全都被倒入了尼罗河。

哈基姆统治的头十年,少数族群还享有特权。之后他们就开始遭受迫害,据说这个时期很多人因此改信伊斯兰教,以逃避迫害。但哈里发的重臣们仍是基督徒。无论是基督徒还是穆斯林,许多维齐尔被处决,还建立了一个专门的部门负责没收失宠官员们的财产。

哈基姆的正面举措是于 1005 年建立了一个学术中心——智慧宫
(Bait al-Hikma)。尽管本意在于推广什叶派教义,智慧宫拥有一个庞 19
大的图书馆,向任何想要学习科学、法律、神学等知识的人开放,无论他信仰的是什叶派还是逊尼派。

哈基姆有一位维齐尔名叫德拉齐(Darazi),他阐释了一套信仰理论,把哈基姆说成是神性的化身。在他统治下忍耐度日的都城市民们难以容忍这套说法。不仅在穆斯林看来这是异端邪说,而且对已经遭受了这么多年贫困、还得忍受着奇葩法律的人们而言,这套理论成了压垮骆驼的最后一根稻草。天性爱拿任何人、任何事来开玩笑的市民们,嘲笑统治者禁止妇女在公共街道上出现的律令,在弗斯塔特城头竖起了一座妇女的雕像。哈基姆大怒,派他的黑人军队放火焚烧弗斯塔特城。德拉齐的理论也触怒了突厥士兵,他们和百姓一起包围王宫,高声呼喊要求砍掉德拉齐的脑袋。哈基姆把德拉齐偷偷送出王宫,逃出埃及,另一方面则厚颜无耻地向市民们保证德拉齐不在王宫里。德拉齐逃到黎巴嫩,在山区建立了德鲁兹派。

哈基姆再次派黑人军队前往弗斯塔特放火劫掠,以惩罚市民们目无君主、质疑他和维齐尔的智慧。在一段对穆斯林和基督徒进行迫害的时期之后,哈基姆突然废除了先前针对穆斯林的所有政策,宣布说那些法律纯粹是喻意性质的。但时至此刻,连柏柏尔人士兵也已经联手突厥兵一起对付黑人军团,黑人军团的力量也由于这一新成型的联盟而瓦解。过去时刻服从哈基姆命令的黑人军队,现在只能任由其他军团摆布,哈基姆对此也无能为力。

20 1021 年 2 月 13 日,习惯于独自一人在开罗周围的山丘里闲逛思索的哈基姆失踪了。他的尸体没被找到。德鲁兹派相信有一天他会重新出现,揭示真理并引导末日审判。百姓们对哈基姆的失踪众说纷纭;大部分人相信是哈基姆的妹妹为了篡权命人刺杀了她的兄长。

哈基姆的继任者都是无能之辈,无法控制军队及其内部的各种族群体。连年饥荒使国内情况愈发恶化。饥荒和叛乱一共持续了六年,直到 1027 年,一场尼罗河泛滥终于给这个国家带来些缓解,一次大丰收结束了饥荒。

法蒂玛帝国并没能长斯维持对全部领土的统治:疆域过于广阔,给物资运转带来很大问题。北非的领土没有统治者坐镇维持不了多久,他们抛弃了伊斯玛仪派,重归逊尼派的怀抱,并重新拥立了本地的统治者。叙利亚很快就会落于布韦希人(the Buwaihis)之手。布韦希人是控制阿拔斯哈里发的军事寡头;之后又被代替布韦希人成为新的寡头集团的塞尔柱人(the Seljuks)所夺取。这些塞尔柱人在叙利亚和伊拉克北部建立了城邦国家。到 1071 年,西西里岛被诺曼人征服,也脱离了法蒂玛王朝。除了这些损失外,由于贸易和商业的昌盛,埃及继续繁荣了很长一段时间。

一位名叫纳绥尔·胡斯罗(Nasiri Khusrau)的波斯旅行家,在 1046 到 1049 年间游历开罗,给我们留下了关于开罗和弗斯塔特的有趣描绘。他十分仔细地描述了两座城市,对后世弥足珍贵,因为这两座城市最初的样貌,尤其是弗斯塔特,后来都完全被毁。据他描述,开罗城有约 2 万栋砖砌房屋。砖块之间垒砌时十分仔细,房屋看起来就像是用石头建造。房屋有五六层楼高,外面围着用井水浇灌的花园和果

园。城市里的商铺估计有 2 万家,都是统治者的财产,一年能带来约
125 万第纳尔的收入。离开罗 1 英里的弗斯塔特城建在高地上,因此 21
在这位波斯旅行家看来,那里的房屋仿佛有 7 到 14 层楼高。他声称其中有一些建筑物各自能容纳 350 人住在里面。有些街道有顶棚覆盖,所有街道都有灯盏照明。市场里美轮美奂的货物令他惊艳不已:做工精致几乎半透明的陶瓷器皿;闪烁着金属光泽的器物(该城闻名的特产),模仿成金属器皿,其实只是上了釉看起来像金属,这样穆斯林就可以遵守不得用金银器饮食的律令;还有精美、透明的绿色玻璃。珠宝店和货币兑换处无人照看,也不会有人偷窃,店家们卖货遵守固定的价格。任何人被发现欺骗顾客,都会被游街示众以示羞辱。现代的发掘——弗斯塔特城在地面上已无遗迹——已经证实了胡斯罗的大部分描述。人们已经发掘出一个高效、复杂的污水管道系统,必然为当时城市清洁和健康环境发挥了作用。污水管铺排在地下,高度足以容纳一个人在里面直立行走。这些管道每天都会通过管道沿线的维护点接受疏通维护,可以从维护点往里投加石灰。

胡斯罗关于开罗城的描述正值哈里发穆斯坦绥尔(al-Mustansir)统治时期。穆斯坦绥尔在位时间比其他任何穆斯林统治者都要长,他统治了 60 个回历年,从 1036 年直到 1094 年。他的一位维齐尔发现土地税收入只有 100 万第纳尔,而 9 世纪伊本·图伦统治时期要多达 400 万以上,便试图改革农业操作方法以征收更多税款。他阻止商人们在庄稼收割之前就将之全部买下的行为,因为这一行为对种庄稼的人不利,他们赚的钱要比收割以后在公开市场上出售要少。这位维齐尔还建立了玉米仓库,以应对饥荒。

尽管穆斯坦绥尔不是个勤勉的统治者,反而常把国事交给维齐尔
们去办,但他慷慨大方,据说他发放养老金的名单上每年都有 22
100 000 到 200 000 人。他对国事放任不管,而军队里面存在着多个不同种族的势力,最终部队之间发生血腥争斗,很快就令国家元气大伤。黑人军团控制了上埃及地区,而突厥军团控制了都城并用他们的武力洗劫了国库,把王宫的奢侈珍宝抢夺一空。

一场可怕的饥荒以及 1065 年尼罗河低水位导致了长达七年的极度贫穷。饥荒十分严重,据说到了人吃人的地步。接着就是持续数年的瘟疫。瘟疫接着饥荒的悲惨境况已经成了一种模式,这种模式之后也会重复再现。全家人在 24 小时之内全部死去。士兵们洗劫了王宫,并强迫他们的哈里发卖掉珍宝换取钱财分发给他们。穆斯坦绥尔在多年统治间聚敛或者继承的巨大财富被抢夺一空。拥有 100 000 卷藏书的图书馆曾经是法蒂玛王朝哈里发们的骄傲,其中所藏书籍也散落各处。珍稀手稿被突厥士兵们用来烧火洗澡,装订的书皮被拿来补鞋。虽说如此,一个世纪以后,当萨拉丁来到开罗时还找到了一个有 120 000 卷藏书的图书馆。由此可见,法蒂玛统治者们在知识方面的浓厚兴趣。

史学家们记录了部分从王宫里抢劫出来的财宝:据说有 10 磅祖母绿,250 磅珍珠,黄金床垫,各种黄金、银、水晶、乌木和象牙艺术品,镶嵌着珠宝重达 17 磅的缠头巾。王宫内的陈设被士兵们抢夺一空,以至于哈里发找不到什么可以坐的家具,只能用草垫子代替。对暴动的军队感到绝望的哈里发,向阿卡城(Acre)的长官白德尔·贾马利(Badr al-Jamali)求助。贾马利原来是亚美尼亚奴隶,凭才干爬到高位。他回应哈里发的求助,带着叙利亚部队来到埃及,镇压叛军,重树哈里发的权威,并建立了一个公正仁善的政府。和平与繁荣再次回到
23 埃及。贾马利招募建筑工匠来到开罗。他的建筑师们设计了厚实的城墙和加固的城门,至今仍环抱着从法蒂玛时期遗留下来的开罗。

在法蒂玛人统治时期,法拉欣(*fallahin*,农民)大体上得到善待,尽管有时候军队内部争斗引起的动乱也会波及所有百姓。行政上实行层级管理,地方事务的管理交由地方行政负责,尤其是关于河堤和沟渠的养护。赋税轻而百姓乐。科普特人被委以财务方面的工作,直到现代他们还是长于此道。哈里发们常常会捐献资金维护修道院。类似哈基姆治下的压迫时期极为少见。尽管史学家们也记述了一些针对基督徒的歧视措施,比如穿黑袍、不准骑马只能骑毛驴等,总体而言这是一段政治清明的时期。但随着十字军的到来,这一切很快就发生了改变。

到 1099 年,第一次十字军东征就已经开始入侵穆斯林的领土,并攻占耶路撒冷。如果这次东征提前几十年,就会在塞尔柱人强大的军事力量面前止步;如果东征推迟几十年,马穆鲁克人的力量也会阻挡他们前进。十字军的入侵恰好是在该地区出现权力真空的时候。起初埃及的维齐尔们欢迎这些基督徒的到来,以为能同他们结盟对抗塞尔柱人。但是十字军在耶路撒冷屠杀了 7 万向他们投降的手无寸铁的穆斯林,并无视休战旗攻击埃及人,一切幻想均告破灭。

十字军和法蒂玛军队两军相接,十字军于 1117 年入侵埃及。自此开始,法蒂玛人就一直耗费精力抵御外敌入侵。军队内部、敌对维齐尔之间再次爆发的派系斗争加剧了抵抗外敌的困难。哗变的士兵让街道变得十分危险,人们终日生活在恐惧之中。哈里发们为维齐尔所杀,维齐尔之间的杀戮同样疯狂。后宫的女人们深陷绝望,她们割下自己的长发,送到上埃及地区一位省长的手中。这是被逼入绝境的姿态,意为 24
乞求此人能对她们施以援手。这位省长,萨利赫·塔拉伊·伊本·鲁齐格(al-Salih Talai ibn Ruzaiq),答应了她们的恳求,来到开罗重建法律与秩序。

与此同时,在叙利亚北部,努尔丁·赞吉(Nur al-Din Zanji)已经建立权势,并于 1154 年吞并了大马士革。这使耶路撒冷王国处于危险不安之中。赞吉是一个不折不扣的逊尼派教徒,无法与伊斯玛仪派的法蒂玛人联合,但他也不愿意让埃及,一个伊斯兰国家,落入十字军的控制。于是埃及就成了赞吉和十字军双方外交角力的场所。手握重权的铁腕人物鲁齐格(Ruzaiq)被谋杀之后,维齐尔之间的争斗再次将埃及置于险地。相互敌对的维齐尔之一与赞吉结盟,另一个与十字军联合。赞吉的军队和十字军三次入侵埃及;最后一次是在 1169 年,赞吉的叙利亚军队作为盟军来到埃及,驱逐十字军。在这次军事行动中,与赞吉结盟的维齐尔采取焦土政策,将弗斯塔特城付之一炬,使之不能为十字军所用,据说 2 万桶燃油将该城烧了 54 天。最近,历史学家们根据考古研究,对早期史学家关于大火给弗斯塔特城带来的破坏程度提出了质疑。

来到埃及的叙利亚军队现在成了埃及的守护者,军队的统帅被法蒂玛哈里发任命为维齐尔。这位统帅去世后,他的侄子继承了维齐尔的职位,他就是著名的萨拉哈丁·阿尤布(Salah al-Din al-Ayyubi),也就是西方人所熟悉的萨拉丁(Saladin)。

一个什叶派君主,通过一个逊尼派维齐尔进行统治,同时这个维齐尔还是一位逊尼派君主的代理,这样的怪事在萨拉丁任职期间继续如此。萨拉丁是一个热忱的逊尼派教徒,他决心结束法蒂玛王朝的统治。与此同时,周五的聚礼以法蒂玛哈里发和叙利亚君主的名义进行。在穆斯林土地上,周五的聚礼中提及君主的名字是王权的标志之一。

由于一系列对十字军作战的胜利,萨拉丁在埃及人中的威望日盛。
25 那些没有跟从法蒂玛统治者们信仰伊斯玛仪派的埃及人,依然虔诚地维持着逊尼派信仰,他们很可能欢迎一位逊尼派维齐尔来取代伊斯玛仪派维齐尔。为了重新教育埃及人遵循正统派教义,萨拉丁于1170年建立了三所学校,即著名的"*madrasas*"①,后来扩大规模,使埃及再次成为学术活动的中心。次年,周五聚礼的祈祷词中开始念诵阿拔斯哈里发的名字,法蒂玛哈里发的名字不再被提及。此刻,这位法蒂玛哈里发已处于弥留之际,他到死也未曾得知自己已经被这位新任维齐尔所废黜。

延续了两个世纪的法蒂玛王朝就此于1171年默然终结。它见证了巨大的财富,也见证了同样巨大的困苦。这一王朝建造了许多纪念性建筑,制作出精美的艺术品,足以证明这一时期的富足和高雅品位。伊斯玛仪派的君主们一般都善待百姓,不强迫他们改信什叶派教义。但是在学术层面,什叶派学者一直被逊尼派学者刻意回避,这些逊尼派学者们感觉自己被孤立于其他阿拉伯逊尼派同仁。这些境况在萨拉丁及其建立的阿尤布王朝统治期间都将发生改变。阿尤布王朝开启了一个更为连贯的光荣时代。埃及再度成为一个逊尼派穆斯林帝国的中

① (伊斯兰教)宗教学校。

心。尽管祈祷词还是用阿拔斯哈里发的名义,但哈里发的职权无法触及此处,而是由阿尤布家族建立了一个属于他们自己的独立帝国。对自身和对宗教的自豪感是阿尤布统治者们的鲜明印记,而被统治的人们可以把他们当作伊斯兰教的英雄,哪怕他们从种族而言是库尔德人和突厥人。

在萨拉丁统治的最初几年,他着手巩固自己在埃及的地位,以对抗十字军的进一步进攻和来自法蒂玛残余势力的内部敌人。赞吉死后留下一个年幼的儿子,萨拉丁不再畏惧任何其他穆斯林统治者,开始对叙利亚的扩张和对十字军的征战,目标直指解放圣城。

在开罗,萨拉丁舍弃了法蒂玛统治者们建造的豪华宫殿,这些宫殿
很快就沦为废墟。他在能俯瞰全城的山丘上为自己建造了一座城堡, 26
至今依然矗立。凭借此有利地势,他能够控制都城,不会像在城中平地上一般被轻易围困。一个引水渠将饮用水从尼罗河抽取供应全城及这座城堡。萨拉丁一生东征西讨,在埃及度过的时间很短。以他的名义统治埃及的其实是他的弟弟萨法丁(Safadin),也被称为马立克·阿迪勒(al-Malik al-Adil),加上维齐尔法迪勒(al-Fadil),以及负责全国大部分公共工程建设的宦官克拉克斯(Qaraqush)。克拉克斯是一位非常严苛的监工,在现代用语中,他的名字被当作形容词来描绘任何刻板、严厉的统治。某种意义上,萨拉丁长期身处国外是埃及的幸运,因为他没有半分财政上的才干,而他的弟弟和维齐尔均擅长此道,监管埃及的财政支出。许多公共工程都由他们两人监督,包括上埃及地区一条被称为优素福河(Bahr Yusif)的运河。这条运河用萨拉丁全名中的第二个字(萨拉哈丁·优素福[Salah al-Din Yusif])来命名,尽管它最早在法老时期就被开凿了,只是后来淤积堵塞。

国外的局势有利于萨拉丁的计划。叙利亚被留给了一个年轻的国王。耶路撒冷也传到一位少年国王手中,他不仅是个麻风病人,还面临着继承问题。萨拉丁一心所系之事是将伊斯兰国家从十字军手中解救出来,他计划一统整个伊斯兰世界,把侵略者驱逐出去。他先征服了叙利亚,然后要求西利西亚(Cilicia)、摩苏尔(Mosul)和其他穆斯林领土

的统治者们签订停战协议，发誓保持内部和平。之后他征服了伊拉克，这样他的两翼再无敌军，他就可以把注意力转向十字军。1179 年，他在马尔吉乌尤(Marj Uyun)①取得对十字军的一次重大胜利。

萨拉丁清楚十字军在经济方面的威胁不亚于宗教。因此他尝试改变地中海自由贸易的方向，以求抑制十字军的力量。他支持在 11 世纪开始出现的香料商人(卡里米[the *karimi*])的兴起。基督徒商人曾是
27 从远东运来香料的主要中介，萨拉丁把他们排斥在红海地区贸易之外，到 12 世纪，香料贸易全部落入穆斯林卡里米手中，取代了先前从该贸易中发家致富的基督徒和犹太商人。尽管被穆斯林统称为法兰克人(Franks)的来自意大利城邦的商人控制着地中海的海上航线，卡里米垄断了香料贸易，从中获取了巨大的财富。

欧洲的统治者们正在竭力鼓吹一场圣战，十字军几次挑衅萨拉丁，直到他忍无可忍发誓要摆脱他们。1187 年的哈丁战役(the Battle of Hittin)②中，萨拉丁发出了一次致命打击。随后又迅速征服巴勒斯坦，除了黎巴嫩的提尔港(Tyre)和波弗特堡(Castle Beaufort)以外，十字军已无立足之地。提尔成为欧洲君主们重整旗鼓开始第三次十字军东征的地方，其中最著名的一位是狮心王理查。五年战争之后，穆斯林再次将十字军赶走，只有提尔到雅法(Jaffa)之间沿海的狭长地带还残余一些十字军势力。

萨拉丁已经完成了他一生的使命；他解放圣地，收复耶路撒冷。但连年征战也到了要偿还之时。萨拉丁身体并不强健，他没有撑过一场发热，于 1193 年去世。他被西方作家们赞誉为“宽宏大度、有骑士风度、苦行克己、心灵纯净、生活纯洁”。他是穆斯林骑士精神的典范，欧洲的骑士们从这位英勇的敌人那里学会了关于骑士精神的很多东西。十字军东征成为把医学和科学实践的知识传播回欧洲的媒介，当时中东的医生和科学家远远领先于他们的欧洲同行。战地医院、烧伤治疗

---

① 位于现在的黎巴嫩南部，地名意为“泉水牧场”。

② Hittin 更常见的英文拼法是 Hattin。

和关于各种热病、急慢性疾病的医学知识都被传播到西方。

萨拉丁的后裔统治埃及直到1250年。在他去世之后,萨拉丁的儿子之间发生内斗,对王国的延续造成了威胁。他的弟弟萨法·丁(Safa
al-Din),即萨法丁,终于介入,从他不称职的侄子们手中接管权力,成 28
功地统治埃及。1201至1202年间,尼罗河适逢罕见的低潮,再次引发饥荒和贫困。史学家们再度描绘到人吃人的惨剧,以及紧随饥荒而来的可怕瘟疫,陷入一个不可阻挡的循环。雪上加霜的是严重的地震。死亡率很高,朝不保夕,据说一件财产在一个月之内连续在40位继承人手上转手。

阿尤布家族是合格的统治者。他们改进灌溉系统,拓宽河渠、扩大堤坝和水坝的规模;保障公共安全,使旅行者和商业不受干扰;还建立了很多学术机构,使埃及后来成为一个伟大的学术中心。

另一股力量正在东方兴起,那就是成吉思汗领导的蒙古游牧部落。十字军再一次恢复对巴勒斯坦的控制,只不过很快就会再次溃败。阿尤布王朝倒数第二位统治者,一个叫作萨利赫·阿尤布(al-Salih Ayyub)的人,在自己的军队中加入了一支由突厥裔奴隶组成的新军团。据说他性格有些偏执多疑,不相信自己原先的军队,于是为了用一支新的力量来制衡他们的影响,就购买了足够数量的奴隶来组成一支新的军团。这些奴隶,被称为马穆鲁克(*mamluks*),在阿拉伯语里的意思是"被拥有者"。他们既拯救了萨利赫的王国,也同时埋葬了他的王朝。

萨利赫·阿尤布接到消息称,一支新的十字军正在路易九世带领下向埃及航行而来。消息不久被证实。为抵抗1249年的这次入侵所作的准备尚在进行之中,萨利赫在营帐中去世。他的妻子,舍哲尔·杜尔(Shajar al-Durr,意为珍珠树),一位了不起的亚美尼亚裔女性,与马穆鲁克军团的头领合谋,隐瞒萨利赫的死讯,直到战争结束,他的儿子和继承人从国外返回继承王位。死讯被隐瞒了一个月,以避免军队在面对入侵之时士气低迷。

十字军在杜米亚特(Damietta)登陆,他们错误地在原地等待,直到

29 尼罗河泛滥，三角洲变成了一片广阔的沼泽地。于是他们往曼苏拉镇(Mansura)开进，而马穆鲁克军队早已在此守候。在行军路上，十字军遭受蚊虫叮咬、发热和肠道疾病，他们变得虚弱乏力，还得试图穿越他们不熟悉的沼泽地带。曼苏拉毗邻的尼罗河水域很宽，但是有人，可能是间谍，劝说路易的弟弟阿图瓦伯爵(the Comte d'Artois)随他前往曼苏拉对岸的一个浅滩。在忏悔星期二这天，阿图瓦伯爵不等其余部队赶上他和他的骑兵，就涉水渡河进入曼苏拉。在那儿，拥有1万强兵的马穆鲁克军队在一个叫作扎希尔·拜伯尔斯·奔杜格达里(al-Zahir Baibars al-Bunduqdari)，或弓弩手拜伯尔斯的大块头男人的带领下，向骑兵们发起了冲锋，将他们砍成碎片。“基督教世界之花”[1]被毁，幸存者被俘虏换取赎金。

马穆鲁克们为最后一位阿尤布，萨利赫的儿子突兰沙(Turanshah)，拯救了埃及。但是突兰沙回来之后并未表示多少感激。他对马穆鲁克将领不敬，还羞辱一番苦心把他送上王位的勇敢的继母。不久之后，在马穆鲁克们的默许下，他被拜伯尔斯刺杀身亡。舍哲尔·杜尔被军队推选统治埃及，直到她尚在襁褓的儿子长大亲政为止。但是阿拔斯哈里发给埃及人写了一封羞辱他们的恐吓信，信中说，“如果你们找不到一个男人来统治埃及，也许我们可以给你们派一个。”舍哲尔·杜尔只得嫁给一个马穆鲁克将领艾伊贝克(Aybak)，两人共同执政。她短暂的统治在伊斯兰教历史上独一无二，作为一个女性，她凭借自己的能力进行统治，并把她的名字铸刻在硬币上——这是另一项国王的特权。不久，舍哲尔·杜尔与丈夫产生不和，因为她拒绝把国库交给丈夫。她毒死了丈夫，于是马穆鲁克将她杀害，就此结束阿尤布王朝，开创了马穆鲁克王朝。

从马穆鲁克时期开始，埃及再次变成由说外语的异族统治者统治。马穆鲁克们说的是突厥语。从阿拔斯时期开始，除了法蒂玛时期以外，
30 军事组织里完全使用突厥语，哪怕成员不是突厥人。尽管埃及人已经

[1] 原文为the flower of Christendom，这里用来比喻阿图瓦伯爵和他的骑兵。

习惯于此,但他们现在不得不面对一个也说突厥语的统治精英阶层。统治者与被统治者之间的认同成为过去。埃及人虽能够认同萨拉丁,一个库尔德人,但让他们认同钦察人(Kipchaks)和其他外族人则困难得多。这些外族人不仅长相不同,还带来了不同的风俗和律法。当马穆鲁克接管埃及政治时,他们带来了自己部落的习惯法——札撒(*yasa*)法。百姓们只能接受马穆鲁克的统治,但并不认同他们,在多数情况下只是坚持忍耐,等待好日子的重新到来。

# 第二章　马穆鲁克时期 (1250—1516)

31　一场巨大的危机向马穆鲁克袭来，成吉思汗的孙子旭烈兀率领蒙古游牧部落向外扩张，于 1258 年 2 月将传奇之城巴格达夷为平地，结束了阿拔斯王朝对东部伊斯兰世界的统治。从那以后，伊斯兰统治的焦点集中于西部的伊斯兰国家。旭烈兀的军队所向披靡，向西驱进占领叙利亚。唯一敢于和蒙古人正面对抗的军队是埃及的马穆鲁克，他们在拜伯尔斯的率领下在艾因·札鲁特(Ain Jalut，歌利亚之眼[the Eye of Goliath])战役中击败了蒙古人。拜伯尔斯希望他的胜利能换来叙利亚行省的统治权，当他的期望落空后，他就和其他马穆鲁克埃米尔(*amirs*，将领)合谋，刺杀了先前被推上王位的马穆鲁克将军，拜伯尔斯于 1260 年取而代之。拜伯尔斯，及之后继承他王位的全部马穆鲁克，都以苏丹为头衔，这个阿拉伯语词意为"权力"，先前阿尤布统治者们也使用过这一头衔。哪怕到阿拔斯哈里发统治被推翻以后，马穆鲁克也没有使用"哈里发"一词。这一词语被淘汰，因为它与一个失败了的王朝联系在一起。马穆鲁克宁可继续使用"苏丹"这个称号。

由于武力强盛，马穆鲁克在整个统治时期，一直受到邻国的深深敬畏。马穆鲁克统治大体可分为两个时期。于 1250 到 1382 年间统治的早期马穆鲁克，被称为伯海里(Bahri，河洲)系马穆鲁克，因为他们驻扎在尼罗河中的劳代岛上。他们中绝大部分是和蒙古人一样的突厥裔。
实际上从大约10世纪开始,大部分中东地区的士兵都是突厥裔,因此
军队的语言也是突厥语。军队总体上是雇佣军,或马穆鲁克奴隶兵,为 32
某些王子或领主服务,普通人有时会作为辅兵,但决不会成为雇佣军。
直到19世纪普通平民才被征召入伍。因此军队职业只面向一个特定
的人群:突厥人、库尔德人,或伊斯兰世界中其他母语不是阿拉伯语的
少数族群。马穆鲁克统治的第二阶段被称作布尔吉(Burgi,碉堡)系马
穆鲁克统治,因为他们驻守在碉堡中。这些人是突厥—切尔克斯
(Turco-Circassian)和希腊后裔。马穆鲁克们是从俄罗斯乌拉尔地区、
中亚大草原或高加索山脉买来的男童奴隶,在年长的马穆鲁克家族中
受训。他们的训练包括皈依伊斯兰教,也学习阿拉伯语,但主要集中在
武技和骑术。当这些男孩子进入青春期,就会从奴隶的身份脱籍,并被
允许蓄须。由于年轻的马穆鲁克们于年幼之时就被断绝了与自己家人
和族群的联系,他们效忠的对象和情感的归属成了马穆鲁克家族及其
成员。他们对家族首领怀有对一家之长般的感情,对家族里的同伴们
怀有类似亲兄弟般的情感,这些情感替代了普通的家庭纽带。一旦成
年,家族里的马穆鲁克们就被赐予土地,并被允许建立自己的家族;于
是就轮到他们购买奴隶,将这一体制延续下去。同一家族出来的成员
之间建立联盟,他们联合起来对抗敌对家族的势力,因此派系斗争在所
难免,成为这一体制的必然结果。随着马穆鲁克家族数量的增加,更多
的经济机会必须被创造出来才能使财富在这一体系的成员中得到分
配。马穆鲁克的数量在瘟疫或自相残杀中会周期性地减少,因此他们
的人数保持在一个合理的范围之内,且未超过当地的人口。

马穆鲁克统治早期以中央集权的政治为特点,由一位马穆鲁克苏
丹统治全国,其权威凌驾于其余马穆鲁克之上,后者广义上可看作是苏 33
丹的家臣。第二阶段的马穆鲁克政府采取一种分权的体制,苏丹并不
是权威的行使者,而只是同侪之首(*primus inter pares*)。尽管也有例
外,第二阶段也出现了一些能牢固、有效控制马穆鲁克们的苏丹。但总
体上,该时期的政治不如早期有效率。这两段时期的统治不仅产生了

一个统治体系,还创造出一种延续了几个世纪的制度——奴隶寡头统治。马穆鲁克时期创造出一个在艺术和建筑领域具有高度审美的时代,并通过创办学校(*madrasas*)和苏菲道堂激励了学术的繁荣。

这样一种异族精英阶层代代补充新人的异常现象,为当地百姓所接受,因为马穆鲁克们展示出他们有能力为埃及抵御外来入侵,而且他们是一支武装力量,治下的百姓主要是手无寸铁的农民。

扎希尔·拜伯尔斯(Al-Zahir Baibars)是伯海里系王朝和马穆鲁克帝国的真正奠基者,因为他的前任都仅仅是只统治了短暂时间的埃米尔。拜伯尔斯是来自乌拉尔的钦察人(Kipchak),是一个身材高大、有着蓝色眼睛的大个子,一只眼睛患有白内障。他极为强壮,据说能拖着坐满了他的马穆鲁克士兵的充气垫,泅水横渡激流湍急的尼罗河。他也十分能干,他建立的组织,作为马穆鲁克统治的支柱,一直延续了三个世纪。他组建陆军和海军,把田地(*iqta*)分封给在职的将军们,并实施了规模庞大、使全体百姓获益的公共工程。征服叙利亚之后,他的帝国从托罗斯山脉(Taurus mountains)一直延伸到埃及,由堡垒和驻防部队构建的体系保障其安全。他建立的邮政系统畅通高效,仅仅一周就能将信从开罗送到大马士革。拜伯尔斯也是一个乐善好施之人,
34 他建造、资助学校和清真寺。他是拜占庭皇帝和金帐汗国[①]的盟友,这一联盟抵挡了伊儿汗人(Il-Khans),即东部蒙古人的进一步推进。

所有拜伯尔斯与邻国建立的联盟、签订的条约,都揭示出他是一位行事审慎、思虑周全、英明善治的领袖。但他的天性还有另外一面,即敢于冒险、胆大无畏。他的英勇事迹激发了埃及人的想象力,他们把他变成了一位民间英雄,编了一部传奇小说叙述他的英勇事迹,并以他的名字命名。这部传奇,即《拜伯尔斯史诗》,当时常常在被称为拉巴卜(*rababa*)的由椰子壳和马尾毛制成的单弦琴的伴奏下,在全国各处的咖啡馆吟唱。这部传奇经由无数代说书人润色,直到 20 世纪中期晶体管收音机,以及其后电视的出现,才取代了这一民间娱乐。然而拜伯尔

---

① 即钦察汗国。

斯的传奇还被制作成系列在电台播出,直到被更现代的娱乐节目所取代。《拜伯尔斯史诗》讲述的是,在与伊儿汗人的一次战斗之前,他如何伪装自己潜入一个蒙古人的要塞侦察地形。进城以后,他在用餐的糕点店留下一枚戒指作为抵押。第二天他写信给伊儿汗,要求送还他的戒指,向这位困惑的统治者指出他的要塞还有待很多改进,并一一指出各种薄弱之处,可以让他——拜伯尔斯,轻而易举攻下该城。该城自然就干脆痛快地投降了。拜伯尔斯有一个亲密的同伴,常常饮酒无度,而拜伯尔斯自己则严格遵守穆斯林禁酒的戒律。这位同伴给史诗里的蛮勇故事带来了幽默诙谐的音符。

拜伯尔斯死于中毒,据说是误饮了他自己为敌人准备的毒药,因为虽然他治理有方,他也并不相信他的追随者,知道他们会背信弃义、不值得信任,正如他自己过去也曾密谋策划、背信弃义。拜伯尔斯死后,
他的王位本来该传给他的儿子,但他的儿子并没有其父的才干,很快就 35
被他父亲麾下的一位将军所取代,此人名为盖拉温(Qalawun)。

盖拉温建立的家族统治维持了一个世纪,马穆鲁克王朝被认为在此时达到顶峰,一个以繁荣和平为标志的黄金时代。盖拉温最初的威胁来自蒙古人,他们于1281年攻击了他在叙利亚的军队。一场战斗几乎摧毁了马穆鲁克军队,他们的左翼被蒙古人的右翼打垮;但是马穆鲁克的右翼击败了蒙古人的左翼,最终战局转向了对马穆鲁克有利的方向。这场胜利开启了一段持续17年的军事对峙时期。

延续拜伯尔斯的政策,盖拉温维持了一支由1.2万名受到严格训练的马穆鲁克组成的高效率的军队。军团长们被称为“埃米尔”或“贝伊”(beys)[1]。尽管为人苛刻严厉,盖拉温对他的臣民们颇为仁爱。他建立了埃及第一所医院,医院所在的建筑群还包括了安置他陵寝的清真寺、一所学校和一个图书馆;该陵寝清真寺和医院至今仍在使用。它们是马穆鲁克建筑艺术的精美代表,极为华丽、色彩丰富、线条对称。

① Bey为突厥语“酋长、(地方)首领”之意。后来成为奥斯曼帝国属地以及中亚、南亚地区伊斯兰教人士的一种头衔,有“总督”、“老爷”等意思。现为对成年男子的尊称。

建筑使用粉饰灰泥,连同繁复的书法篆刻来装饰墙壁和天花板,镶嵌有以灰泥为框的彩色玻璃窗,多种色彩的石头拼贴成的马赛克装饰墙面和地板。天花板以灰泥和木雕为装饰,一种叫作穹隅[①]的设计使四面墙逐渐延展为穹顶,成为大多数马穆鲁克建筑的顶棚样式。医院设有治疗当时已知疾病的病房,其中一些被诊断为传染病的则设置为隔离病房。在医院建筑群中还包括一些化验室、厨房、一个药房和一些浴室,并配备常规医护人员。音乐家们在一些病房中演奏,为患者减轻痛苦。医院图书馆收藏了大量的医学和药学文本,帮助医生们救治病人。病人不论贫富都享受免费医疗。

盖拉温的继承者们没有他如此仁爱。他的一个儿子继承王位,但
36 是由于邪恶不仁而为其将领们所杀。其幼弟纳绥尔(al-Nasir)继承王位,一生中三次登基。他九岁时被封为苏丹,但一年后即被废黜。五年以后,1298 年,他又被迎回权力的中心,但被埃米尔们操控。在忍受了手下将领们长达十年的越权之后,他决定退位。11 个月之后,他第三次也是最后一次重掌权力,又统治了 30 年。在纳绥尔数次即位之间的过渡时期,马穆鲁克埃米尔们相继就任苏丹。没人能在位长久,因为他们都很快被同僚推翻。1294 年一场可怕的瘟疫横扫全国,人们把它同当时在任的统治者联系起来。一些埃及人认为那是来自真主的惩罚,因为尽管埃及在遭受饥荒,这位蒙古裔的马穆鲁克埃米尔还允许一整个蒙古部落迁徙到埃及,他们甚至不是穆斯林却分享这个国家已然稀缺的物资。最终这位苏丹手下的埃米尔们由于担心他过于偏袒蒙古人,而合谋反对他。马穆鲁克埃米尔们互相争斗,折磨、监禁他们的反对者,相互之间施以暴行。一位名叫拉金(Lajin)[②]的埃米尔,是唯一一位废除不公税收的统治者,由此获得了当地百姓的喜爱。他对纳绥尔很友善,允诺会在纳绥尔长大到能够亲理政务时就还政于他。但拉金不久就被他手下的埃米尔们谋害,其他埃米尔们执掌了权力。一些心

① 圆屋顶过渡到支柱之间的渐变曲面。

② 全名 Husam al-Din Lajin al-Aydamuri。

怀不满的埃米尔逃到了蒙古人军中,向他们透露埃及的困境,于是蒙古人于1299年入侵叙利亚,企图收复他们输给拜伯尔斯的领土。三年多的战争之后,蒙古人终于第四次被马穆鲁克击败;马穆鲁克摧毁了蒙古军队,以至于传说蒙古人的首领死于伤心绝望。

在纳绥尔的前两个任期,他的将领们以牺牲百姓的利益为代价,变得富有并强势。他们互相折磨、残杀,却不受任何惩罚。同时,他们也耗费了大量金钱建造华丽的清真寺和陵墓,彰显了当时建筑艺术的壮丽。瘟疫、饥荒和一场几乎毁掉整个首都的地震破坏了丰年之乐,却使 37
得马穆鲁克有机会重建受损的房屋,沉迷于他们对建筑艺术的品位。建造某些特定建筑被穆斯林认为是仁善的行为,因此修建清真寺、学校和饮水喷泉成为一种积累功德的方式。这些建筑物也是自我扬名的途径,因为人们会谈论它们,以及下令建造之人的慷慨大度。无论何种理由,地震中损毁的建筑被修复,新的建筑迅速出现,为当时的建筑工人和手工匠们提供了工作。

纳绥尔于1310到1341年间的第三次暨最后一任统治是马穆鲁克时期最辉煌的一段,也是对普通百姓而言最安乐的一段。他的前任们征收的大部分剥削性税收被废止。由此带来的财政损失,则转由向通过贪婪掠夺而变得非常富裕的埃米尔们收税得到弥补。苏丹迫使他的埃米尔们在公开售卖会中出售他们的粮食,禁止他们像在以往饥荒时常做的那样囤积居奇。磨坊主和面包商如果高价贩卖会被施以鞭刑。饥荒时,粮食从叙利亚进口,以固定的价格卖给大众,不让任何人从百姓的困苦中获利。据说纳绥尔抓到自己的女婿趁物资匮乏牟取暴利时惩罚了他,还揍了他一顿。

这一时期物资富足、生活安宁,也涌现了许多有学识的人,比如萨拉丁的后裔、历史学家艾布·菲达(Abu al-Fida)。苏丹和他的埃米尔们挥霍铺张,对艺术的赞助也慷慨大方,给手工匠和商人带来很多好处。现在博物馆里最精美的一些艺术品就是来自这一时期。据说纳绥尔一天花费8 000迪尔汉姆(*dirhams*,银币)在建筑工程上。史学家们认为,纳绥尔时代是文化和文明的巅峰。然而我们也能从中窥到即将

38 到来的崩溃的种子。贝都因部落时不时发动叛乱，控制了作为粮仓的上埃及地区的部分土地。马穆鲁克埃米尔们相互争斗，争夺战利品、领导地位和权力。为了能持续如此，他们从百姓身上勒索大量财物，以此购买武器和奴隶来充实他们的家族。只要土地还能够支撑他们所需的收入，他们的勒索榨取还能控制在合理的范围内。但很快他们就要越过这一界限。

14 世纪到来的黑死病，摧毁了原有的贸易体系，哪怕该体系在瘟疫爆发以前很久就已经显现出颓败的征兆。这场瘟疫出现在 1347 到 1349 年间，极为致命，据说埃及三分之一的人口因此丧生。在 1347 至 1513 年间爆发了 18 次瘟疫。后果是多重的。前几个世纪以来的人口增长停止，甚至减少。由于劳动力短缺，农业和耕地的面积缩减为 14 世纪以前耕地的五分之一。1298 年到 1517 年间，土地税跌至以前的十分之一。因此，粮食减产，人口减少，更严重的是，财政来源依赖于农业产出的马穆鲁克统治者们，不得不寻找其他渠道来补充他们枯竭的财源。在阿尤布王朝统治时期，农耕用地被划分为采邑，分封给在职的将领，以支付他们的薪水和开销。马穆鲁克延续了这一体制，所以土地税成为他们唯一的收入来源。寻找替代的收入来源将会为国家带来负面的影响。

劳动力缺乏也导致了工业和商业的衰退。开罗的两大工业，制糖业和造纸业，规模减小；据当时的史家记录，纺织工人数量曾在 1394 年达到 14 000 人，到 1434 年缩减到了 800 人左右。哪怕前一个数字有所夸大，后面的数字依然非常有力地揭示出当时全国的工业状况。起
39 初马穆鲁克采取向城市居民征收从未有过的重税的措施，导致了马穆鲁克集团内部的政治动荡以及他们与百姓之间的不睦。最后，马穆鲁克垄断了香料和糖的贸易，以此来支付军事开销和他们的奢侈进口品。由此建立起来的国家对香料的垄断和对其价格的固化，尽管只有一小段时间，仍破坏了国家的经济繁荣。

埃及直到 15 世纪都没发生过通货膨胀，此时开始显现出通胀，同时面临货币体系的崩溃。长期供应短缺的铸币，少到了临界水平。长

期以来为了向伊斯兰世界购买香料而被掏空金银的欧洲,则迎来了资金回流。埃及的金银大量消耗,用于从波罗的海地区购买皮毛,从高加索购买马穆鲁克来代替那些死于瘟疫的马穆鲁克,以及购买武器。先前通过香料贸易积累起来的巨额利润在购买奢侈品的过程中蒸发了。

纳绥尔和整个盖拉温家族的统治以下述闻名:在纳绥尔死后41年间,他的12位继承者作为傀儡被推上王位,被相互争斗夺取权力的马穆鲁克埃米尔们所控制。最终,一位强于所有对手的埃米尔攫取了权力,开创了马穆鲁克统治的第二阶段,即布尔吉(Burgi)系马穆鲁克时期。

布尔吉系马穆鲁克的统治从1382年持续至1517年。作为切尔克斯(Circassian)和希腊后裔,他们不同于伯海里系马穆鲁克,而且他们在继承中也不采取家族世袭的原则。马穆鲁克们从同僚中推选出一位,只要这位新任苏丹的才干足以操控他的同伴们,他就能一直稳坐王位。他的权威建立在与其他马穆鲁克家族的联盟之上。这些联盟并不固定,频繁变化,但对维持权力必不可少。23位苏丹前后登上宝座,其中6位一共统治了103年。只有9位值得记住;其余人等从崛起到下台非常迅速,在编年史中占不了一行文字甚至一个脚注。

尽管所有的苏丹都是靠争斗爬上宝座,他们中很多人同时也具备 40
高度审美能力、富有学识。我们能从他们留下的许多美丽的遗迹、建筑,以及那个时代流传下来的精美艺术品里一窥究竟。

布尔吉系苏丹的起落映射出困扰着这个国家的内部纷争。国家频繁遭受叛乱的困扰和瘟疫的煎熬,瘟疫过后又必然是饥荒。当时最著名的史学家麦格里齐(Maqrizi)声称所有发生的罪恶都归因于统治者的腐败和无能。他控诉苏丹们的政治缺乏连贯性,因而导致了政治动荡和混乱。政治的不连续性来自埃米尔们之间的争斗,每当一位苏丹去世,他们就用尽手段争夺权势,有时甚至只是由于他们厌倦了在任的苏丹,想要扶植另一位许诺给他们更多战利品的人上台取而代之。有一位埃米尔遭到罢黜,就是因为他建议互相争斗的派系之间进行谈判,但其他马穆鲁克都认为他是发疯了才有那样的提议,就罢免了他。最终，贝都因人的侵入破坏了定居地，法拉欣要么逃离他们的土地，要么变成了盗匪。盗匪成为对贸易线路的威胁，致使商业式微。

这些事件也许并非是导致这个国家苦痛的根由，反而是苦痛的结果。贝都因人也许只是占据了已死于瘟疫的法拉欣留下来的空置土地。也许是税收过高才致使法拉欣和贝都因人加入了匪帮。统治者，或者一部分统治者，的确腐败无能，但他们不该承担经济陷入窘迫的全部责任。黑死病在经济萧条中扮演了极为重要的角色。国际贸易、商业和人口在马穆鲁克时期降到了最低谷。频繁的内战、派系争斗、密谋和叛乱是导致经济萧条的其他因素。当百姓们被榨取到走投无路时，他们用叛乱来对抗，尤其是当发现马穆鲁克内部之间缺乏团结之时。

来自蒙古人的进一步威胁，将要第五次把恐惧深深烙印进埃及人的心里。这次进攻由帖木儿（Timurlenk），即西方人熟知的
41 “Tamburlaine”率领。在一些人看来帖木儿是蒙古大汗们的继承人，其他人则指责他只不过是个下三滥的偷羊贼，在一次劫掠时受了伤，因此有了“瘸子帖木儿”（Timur the Lame）的外号。起初埃及马穆鲁克们和该地区的各个汗王（princes）以及奥斯曼人联合，但当奥斯曼人被帖木儿打败以后，埃及的前景就惨淡起来。帖木儿洗劫了大马士革，摧毁了叙利亚北部，传言说他在那儿留下了用头骨堆成的金字塔，使马穆鲁克们极为恐慌。他们请求和谈，因此帖木儿并未进入或控制埃及。参加与帖木儿谈判的人员中有一位著名的学者，一个来自安达卢西亚，逃避西班牙宗教裁判的难民，他就是阿拉伯社会学之父，伊本·赫勒敦（ibn Khaldun）。

与叙利亚和安纳托利亚等地的埃米尔们的进一步战争，通过税收和强制贷款（*avanias*）[1]给百姓带来了沉重的负担。不断的征战导致马穆鲁克对钱财的需求增加，他们的对手也在相应地壮大。一些统治者无法约束他们的手下，任由这些部下随意抢劫掠夺、强行索贿来支持

---

① *avanias* 没有确切的定义，大体上指的是奥斯曼官员滥用权力发明的没有授权的敛财手段，比如非法征收财物、强迫服务等。

上级。额外的收入来自对贸易和商业收取过高的税额,直至最后终于孤注一掷,彻底垄断香料贸易。

过去统治埃及的君主们通常会扩张新的领土,或收复失地。才干仅限于战争的马穆鲁克们,在伯海里系时期把塞浦路斯岛并入了埃及的版图。于 1422 至 1438 年在位的马穆鲁克苏丹白尔斯贝(Barsbay),十分关注印度贸易,并设法从中榨取了比他的前任们所得更多的利润。然而,他对香料征税过高,以至于威尼斯人拒绝向他购买,商人们纷纷离开亚历山大港回国。白尔斯贝不得不撤回他的条件,给出更合理的价格。在他统治时期通货膨胀加剧,不仅由于恶劣的经济状况,也是由于他减低了铸币的成色。另一个苏丹从埃米尔那里接受贿赂,允许他
们折磨其他埃米尔。最终他们决定直接相互折磨,不再向苏丹支付费 42
用来获得这一特权。

苏丹嘎伊特贝(Qaitbay)是继纳绥尔之后统治时间最久的一位马穆鲁克苏丹,从 1468 至 1496 年一共统治了 29 年。他压服了其余的马穆鲁克埃米尔,还常常亲自用自己有力的手鞭打其中一些人。他发动了一系列征战,为此必须向他的埃米尔们和广大百姓征敛财物,以至于土地税占到土地产出的十分之三。他也大兴土木,不仅在埃及,还在帝国的其他领土包括叙利亚、麦加和耶路撒冷修建道路、桥梁、清真寺、学校和堡垒。他还修复了那些摇摇欲坠的纪念建筑,加长了他的修复和建筑工程名录。必须得有人为重修这些精美的建筑买单,这就进一步加深了统治者对民众的压迫。然而,这些建筑工程必然要雇佣一大批工人、手工艺匠、泥瓦工和石匠,因此这些公共工程或许也是为一部分百姓提供工作的手段。在这一时期,许多苏菲道堂建立起来,苏菲派教徒数量也增加了。这些苏菲道堂或许是聚拢潜在的不满情绪,并将之重新导向沉浸于冥想的生活的一种手段,不让这股能量发展成反对当权者的斗争。马穆鲁克们慷慨地资助道堂,但他们是否出于上述目的或者想要由此获得死后的救赎,仍然存疑。

嘎伊特贝统治期间,经济得以复苏。虽然香料贸易,即东西方贸易,与奢侈品贸易一起衰退,亚麻、大米、谷物、皮革、糖等日常用品的贸

易增加了。

1492 年一场极为致命的瘟疫席卷埃及，据说一天之内就夺去了开罗 1.2 万人的生命。这场瘟疫接连杀死了许多马穆鲁克，他们比埃及本地人更容易染上这一疾病。也许是因为他们刚被带到这个国家不久，还没来得及生出免疫力。也许是因为马穆鲁克们衣服穿得更多，而
43 感染了瘟疫的跳蚤寄居其中；也可能是因为他们居所的家具陈设更为繁复，因而寄生了大量的带菌物；也可能是因为史学家们就住在城市里，所以他们记录的马穆鲁克死者的人数多于法拉欣——无论原因为何，总之马穆鲁克大量死亡。随瘟疫而来的一场牛瘟杀死了这一主要的耕地畜力。一场马穆鲁克内部两派力量之间势不两立的严重内乱的爆发，将这一系列灾祸推向顶峰。据说嘎伊特贝在接二连三的事件中筋疲力尽而亡故，迎来了一段充斥着冲突和混乱的岁月，直至一位埃米尔，冈素·古里(Qansuh al-Ghuri)最终于 1501 年攫取权力，建立了一个相较以往任何时期更为专制的政权。冈素(Qansuh)这个名字在日常用语中成了一个代名词，来指代那些傲慢自大、目中无人的家伙。冈素重建了秩序，但是征收了十个月的赋税并没收了为慈善事业委托代管的土地。他还提高了关税，进一步降低铸币的成色，由此重新补充了国家财政。

到 15 世纪末期，奥斯曼人再次成为一支强大的力量，不仅在欧洲，而且在亚洲不断扩张，因而他们的领土与马穆鲁克的北部领土接壤。至此，马穆鲁克在军事上的力量已经严重削弱，很快就要被正在崛起的奥斯曼人所压制。奥斯曼苏丹已经占领了叙利亚北部领土和幼发拉底河流域。波斯的统治者、萨法维(Safavi)王朝的君主沙阿伊斯梅尔(Shah Ismail)[①]向马穆鲁克苏丹提出建议，邀请他与波斯军队结盟，联合抵抗奥斯曼军队。如果古里赞成这一建议，他们的联军或许能击败奥斯曼苏丹“冷酷的”塞利姆一世(Selim the Grim)的军队。但是古里年事已高，厌倦战争，拒绝了这一建议，认为只要自己不去挑衅，奥斯曼

① Shah，沙阿，即波斯语“王”的意思。

人就不会进攻。奥斯曼人在查尔迪兰(Chaldiran)战役中击败了萨法维人,之后便把注意力转向马穆鲁克统治的地区。

古里已逾古稀,早已过了能征善战的年纪。1516 年 5 月他长途奔袭,并胜利进入大马士革。塞利姆(Selim)向他保证自己并无进攻埃及
军队的意向,然而双方军队于 1516 年 8 月 24 日在阿勒颇北部的达比 44
格平原(Marj Dabiq)交锋,马穆鲁克军队遭到惨败。

奥斯曼人拥有一支数量更多、多次征战、经验丰富的军队;而当时的马穆鲁克军队只经历过地方上的小型冲突。此外,奥斯曼人擅长使用大炮和火器。马穆鲁克是以骑术为骄傲的骑兵部队。骑兵只能在有限的范围内使用当时的火器,在马背上使用大炮则毫无可能。马穆鲁克的确拥有一支炮兵部队,但只投用于静态战(static warfare),比如在围攻或守城时。用牛车把人员运上战场让他们操作大炮的想法让马穆鲁克极为反感。从飞奔的战马上射击更是非徒无益而又害之,肉搏战才是骑兵部队的根本。另一方面,奥斯曼人则擅长使用火炮和火药。他们主要依赖装备了火器的步兵部队,重骑兵(*spahis*)或骑兵在战场上的作用已经式微。为了确保强大的战斗力不会受到不利因素的影响,奥斯曼人还贿赂了古里的副统帅哈义尔贝伊(Khair Bey)以确保胜利。

马穆鲁克被认为是当时最优秀的骑兵,他们在进入战斗时,期待与敌人进行常规的肉搏战,这既是他们最擅长的方式,也是他们日常训练的模式。然而,他们遭到了一波致命的火药攻击,在他们接近敌军之前他们的队列就被打垮了。被俘虏的马穆鲁克愤怒不已,要求奥斯曼人给他们战斗的机会,像男人一样肉搏,而不是用这些吐火的武器对准他们。奥斯曼人发动战争不是为了娱乐,而是为了利益,他们轻蔑地嘲笑这些认为战斗中有必须遵守的荣誉准则,否则就是受到侮辱的马穆鲁克。

奥斯曼人赢得胜利不仅是出于自身的技术优势,也得益于关于古
里被杀的流言。没了统帅,面对着大炮和火枪,还由一位提议投降的副 45
统帅带领,许多马穆鲁克从战场溃逃,把失败的消息传到后方。古里的

确在战场上被杀,但哈义尔贝伊在他死前就散布了这一流言,也许正因为这样才在他的军队从战场逃离时导致了他的死亡。

在埃及,马穆鲁克们推选了一位新领袖。他们选出了一个叫作图曼贝伊(Tuman Bey)的人,他原先是古里的奴隶。塞利姆给图曼去信,提议让他在奥斯曼宗主权下担任埃及总督。图曼颇为心动,因为这么做只不过需要在周五聚礼时念诵奥斯曼苏丹的名字、铸币时刻上苏丹的名字,以及之后通过两方协商确定支付某种形式的贡赋。其余的马穆鲁克对此极为不满,拒绝这些条款,令局面更为恶化的是,他们还杀了塞利姆的信使。结果已成定局。1517 年 1 月 23 日,奥斯曼人击败马穆鲁克,进入开罗城。塞利姆苏丹从图曼贝伊那里了解了所有他需要知道的关于统治埃及的信息之后,便下令将他吊死在开罗的一座南城门——祖维拉门(Bab Zuwaila)之上。新任埃及总督就是那个收了奥斯曼人贿赂的哈义尔贝伊,他用背信弃义换来了高位。喜欢语带双关的埃及人立刻开始称呼这位新总督为哈义恩贝伊(Khain Bey),和他的名字一语双关,哈义尔(Khair)的意思是“好”,而哈义恩(Khain)的意思是“叛徒”。

原先的马穆鲁克帝国现在分成了三部分。北部地区(靠近奥斯曼领土的叙利亚诸省)成了阿勒颇行省。以大马士革为中心的南部地区是第二个行省。以开罗为首都的埃及成了第三个行省或行政区。哈义尔作为苏丹的封臣被任命为终身总督,而不是像奥斯曼的惯常做法那样,担任一年一任的省长。埃及的财政收入作为包税(tax-farm)归他
46 所有,但埃及还得向帝国进贡。虽然哈义尔获得了终身任命,同其他的奥斯曼总督一样,他的任期每年也还是得正式更新。

被称为奥扎克(*ocaks*)的四支奥斯曼军团留下来控制埃及。其中最重要的是苏丹的禁卫军,是为奥斯曼帝国赢得最多胜利的精英步兵军团。后来,另外三支主要由前马穆鲁克组成的奥扎克加入已有的埃及驻军。

马穆鲁克的统治对埃及人而言是喜忧参半。伯海里系马穆鲁克统治早期对百姓来说大体上是个繁荣、幸运的时期,之后便是频繁的暴政

和混乱，虽然在灾难和流行病肆虐之后也有阶段性的繁荣时期。埃及当地人虽然被后期的马穆鲁克当作奴隶看待，他们还是维持着来自与这块土地的联系而生成的身份认同感。埃及是一个独立的王国，也一度是一个马穆鲁克帝国的中心，这意味着它拥有的繁荣、声望，以及对手工匠人和知识分子的慷慨赞助。它过去一直是知识和艺术发展的中心，是其他伊斯兰国家知识分子和艺术家的灵感源泉，他们中的许多人蜂拥至埃及，在马穆鲁克慷慨资助的学校“madrasas”或者作为学术中心的苏菲道堂里学习。尽管马穆鲁克赞助支持了学术和宗教中心，但史学家们告诉我们，他们虽然名义上是穆斯林，但常常如异教徒般贪得无厌并虐待穆斯林。

马穆鲁克的统治方式允许父死子继，成为一国之首。然而历史上
真正由儿子继承父亲并曾坐上王位的仅有一例，即纳绥尔。因此这一
继承体系更多依赖于军事力量而不是法律体制。统治的延续性因此鲜
少维持，不同的继任者所带来的变化造成了一种不稳定、缺乏连贯性的
统治形式。尽管如此，这是在埃及的最后的独立统治，之后很长时间， 47
埃及在法律上是奥斯曼的一个行省，直到 1914 年一直是奥斯曼人的
藩属。

马穆鲁克作为一支战斗力量已经不再有价值，他们被掌握了当时的最新技术，因此能轻而易举地击败他们的军队所取代。然而马穆鲁克并没有彻底被奥斯曼人所取代，后者很快就依赖他们管理埃及，马穆鲁克即将重回权力中心，再次统治埃及。

埃及又一次被贬至一个更广阔的帝国内的一个行省的地位，这一帝国信奉同样的宗教但使用不同的语言、来自不同的种族。统治者和被统治者之间的疏离仍将延续。因为奥斯曼人并未把埃及划分为几个不同的省份，而是维持其单一行省的状态，埃及继续作为一个与奥斯曼帝国其他行省分隔的独立实体而存在，哪怕它臣属于该帝国，并与其他阿拉伯行省享有宗教和语言的亲和性。很快，与帝国的距离让一些马穆鲁克产生了自治的想法。

# 第三章　奥斯曼时期（1516—1805）

48 哈义尔贝伊作为奥斯曼总督（*wali*）统治埃及直到1522年去世。总督，即一省的统治长官，经常被授予帕夏（*pasha*）的头衔——但哈义尔贝伊自己并无此头衔——从那以后所有的总督都被称为帕夏，而马穆鲁克被统称为贝伊或埃米尔。哈义尔死后不到两年，一场叛乱爆发，新任奥斯曼苏丹，为本国民众所熟知的“立法者”苏莱曼（Sulaiman the Lawgiver），即西方世界所熟悉的苏莱曼大帝（the Magnificent），派遣他的大维齐尔（grand vizier）①前来镇压叛乱，并建立了一种新形式的行政体系，并明示于法典《卡农》（*qanunname*）之中。除了一些微小的调整，直到18世纪，这一行政体系一直在埃及实行。

根据该法典，包括三角洲和上埃及地区在内，埃及被划分为14个省份，每个省份都由一名政府代理人管理，他们对总督负责。从艾斯尤特（Asiut）城直到南方边境的上埃及地区，由阿拉伯部落的谢赫们（*sheikhs*）②作为政府的代理人来管理。这些部落领袖持续在该地区享

---

① 大维齐尔，相当于宰相。

② “谢赫”，酋长，也就是一个部落的首领。后来这个称呼慢慢演变为一个普通的对有地位的人的尊称。苏菲主义兴起后，很多宗教学者和教团领袖被称为谢赫。我国古代翻译为“筛海”。

有领导权,直至 1576 年一位贝伊终于被任命为该地区的行政长官。上埃及地区聚集了许多贝都因部落,这使得部落管理成为一种能代替驻扎政府军的可行(并且廉价)的手段。

总督领导整个埃及行省的管理,他由帝都的苏丹任命。总督每个月必须召集四次顾问会议(迪万[*diwan*]),形式仿照苏丹的顾问会议。迪万是埃及行政管理体系不同寻常的特色之一,它的成员应当包括军团领袖、当地的宗教和商业领袖、由伊斯坦布尔任命的大法官(卡迪),
以及该行省内各利益集团的代表。第二个特色是土地没有被分配给军 49
队以换取他们的军事服务,而是被分割成块,外包出去征税,这一制度被称作包税制(*iltizam*)。后来包税权被拿出来拍卖给最高竞价者,包税人(*multazim*)缴纳一笔费用以得到收税的权力。到 18 世纪,包税人已经成为事实上的土地所有人,可以把土地传给子孙,或买卖包税权力,因此无论从哪个角度看,土地已经变成了私有财产。

埃及在奥斯曼军事统治下平静地度过了接下来的 60 年,但经济困难很快就开始困扰奥斯曼帝国,并对埃及的经济状况产生影响。这些事件是 16 世纪发生的价格革命的后果,来自新世界的低价白银的流入导致了价格革命。白银流入破坏了奥斯曼帝国金银兑换的平衡,使奥斯曼货币贬值,引起了一般性通货膨胀。作为奥斯曼人的重要创新之一,曾经是固定金额的军人薪酬,由于通货膨胀而变得几乎一文不值,当然也无法满足需求。这导致了政府和行政部门滥用权力,因为军队和行政部门都通过其他法外的手段寻求弥补在贬值和通货膨胀中遭受的损失。

货币贬值导致驻扎在埃及的奥斯曼军团发动针对总督的叛乱,要求加饷,因为靠现有的薪水难以维持生计。第一次叛乱发生在 1586 年,即和平统治了 60 年之后。此后叛乱频发,因为无论采取什么措施都不足以抚平士兵的怨气。1609 年发生的一场叛乱尤为猛烈,使用大量的武力才镇压下来。每当叛乱发生,被派往埃及的新总督们很快就发现他们自己身处一个脱离常规的境况。法律上而言,总督无权
控制军队,军队由军团首领所节制,而并不归总督管辖。新上任的总督 50

可能带着新的部队抵达埃及,却发现自己带过来的部队加入叛军,与叛军联合起来。很快,总督们开始倚靠马穆鲁克的力量来节制这些军队。总督不得不利用派系平衡的手段来达到目的。

到目前为止,埃及的马穆鲁克们很可能是前朝旧马穆鲁克埃米尔的后代,因为马穆鲁克体系还在继续维系。马穆鲁克贝伊继续购买年轻奴隶来填充他们的家族,只不过现在新的马穆鲁克们来自新的地区——他们是波斯尼亚人(Bosniaks),希腊人,或者甚至是阿拉伯人。尽管他们也服务于奥斯曼行政体系,马穆鲁克并未被指派专门的职能,因此他们可以在各种职位上服务,只要是需要他们的地方。他们关于这片土地及其传统的知识使他们不可或缺;缓慢然而确定地,他们渗透了行政组织的各个分支。奥斯曼人甚至还从马穆鲁克中组建了三支军团来补充埃及的四支奥斯曼军团。由于家族制度,马穆鲁克内部或许比奥斯曼军团有更强的黏合力,因为同属于一个家族的马穆鲁克之间发展出一种准兄弟般的纽带。马穆鲁克贝伊也同样以家族成员的利益为重,尽力把他们安排到关键的位置上;最终一个覆盖了所有家族成员的关系网络发展起来。

1609 年的叛乱由马穆鲁克贝伊和在过去马穆鲁克军团的残余力量基础上形成的奥斯曼军团领导。这给叛乱蒙上了马穆鲁克主导的、以推翻奥斯曼军团权威为目的的分离主义运动的色调,因此这场叛乱被描述为对埃及的第二次征服。奥斯曼人最终镇压了这次运动,但是该运动到 18 世纪又卷土重来。

尽管这次叛乱被镇压下去,马穆鲁克仍继续在埃及掌握着政治权
51 威;高级的政务和军事官员从他们中间产生。也许是因为奥斯曼人无法分拨出人手派往埃及,所以倾向于使用当地人才。因此,每年麦加朝觐的领队(*amir al-hajj*)变成由一位马穆鲁克来担任。作为一名政府官员,朝觐领队"amir al-hajj"能得到充足的资金来供养一支军队,以保护前往汉志的路上这支最富有、最负声望的朝觐队伍。由于此职位的重要性,一位身居高位的马穆鲁克贝伊会得到中央政府的财政资助,从而培养一支属于他的独立部队来护卫朝觐队伍。紧随其次的重要职位

是往伊斯坦布尔运送每年贡物的朝贡领队。这一职务也被一位马穆鲁克贝伊获得。最后,财政部门的主管(*defterdar*)一职也被授予马穆鲁克中的一位。

马穆鲁克的权势急剧膨胀,他们开始习惯于罢黜不受欢迎的总督,扶植自己选择的临时总督直到帝都再派来新的人选。这样的事情一再发生,以至于成了定规。贝伊们所要做的只不过是派一名信使,骑着驴去帕夏在城堡里的居处,走进会客厅,折起房间地毯的一角,说一句"下台吧,帕夏"。于是总督别无选择只能收拾行李离开埃及,如若不从就要冒被杀的危险。因为除了一支 50 人的小队以外,总督没有其他听命于自己的武装力量,他没有别的选择,只能服从。

在 1656 年之前的 25 年里,一位名叫里德万·贝伊·菲卡里(Ridwan Bey al-Fiqari)的马穆鲁克贝伊是埃及真正的统治者,而奥斯曼任命的年度轮换的总督则形同傀儡,不参与政务,拿到能得的钱,到年末就返回帝都。里德万死后,一个敌对的马穆鲁克派系试图上位,前来赴任的奥斯曼总督们迅速抓住这一机会,通过挑拨马穆鲁克派系之间相争来获取一定程度的权力。在这一过程中马穆鲁克派系被削弱,到 1644 年,虽然马穆鲁克还在行政体系中发挥着作用,他们的势力已经衰退大半,使得奥斯曼人东山再起。 52

随着马穆鲁克显贵势力的衰退,禁卫军及其首领而非总督的权力开始崛起。一系列的起义造成年轻军官与高级军官之间的对抗,叛乱分别于 1698、1706 和 1707 年爆发(持续至 1711 年)。由于显而易见的原因,最后的这次长期叛乱被称为"大暴动"(the Great Insurrection),无论从什么角度来看,这是一场精英阶层的内战。当地老百姓并没有被直接卷入这些麻烦之中。

在军团势力上升的过程中,像之前一样为通货膨胀和定额军饷所苦的士兵们试图通过和手工艺匠人建立一种共生的关系来补充他们日益萎缩的收入。在城市地区,手工匠和商人被划归到同业团体或行会。士兵和手工艺匠人结成深厚的关系,他们从政府手里保护后者,收取保护费作为回报。很快士兵开始和当地百姓通婚,他们自己也变成了手工匠人。这些士兵们深深融入埃及,手工匠和商人开始加入到禁卫军和其他奥斯曼军团,到 17 世纪末期已经很难将手工匠和士兵区分开来。这一联盟的共赢之处在于军团阻止行政部门向手工匠人征收过重的赋税,或通过强迫贷款和非法税收来剥削他们,与此同时,士兵从手工匠人那里收取费用并学得新的职业技能。到了适当的时候,军团开始享有故去手工匠或商人遗产税的 10%,可以充裕地补贴军队的饷银。因此,军团通过利用城市行会建立起一个经济基础。另一方面,马穆鲁克通过利用农村土地包税建立起他们的经济基础。农村包税的土地逐渐都落入他们的控制中,直到 18 世纪财政需求才促使他们寻求其他替代的收入来源。

53 对金钱的需求也缘于通货膨胀的加剧。我们可以通过研究当地货币的汇率来追踪通货膨胀率。埃及货币中最小的硬币是铜帕拉(*para*),相当于奥斯曼帝国使用的阿斯珀(*asper*,阿克切银币[*akce*])。从 1681 年到 1688 年,帕拉汇率保持稳定,但此后货币迅速贬值,到 1791 年帕拉的价值只有一个世纪前的 47%。这一货币危机与 17、18 世纪奥斯曼帝国内部的危机密切相关,也有部分是因为埃及内部和当地的情况,以及国际贸易状况所导致。

军团之间持续不断的争斗使军团很快失去了他们的首领,力量被削弱,马穆鲁克因而再次踏入了权力真空,重新建立他们对军团和整个国家的支配力。被称作"贝伊统治"(beylicate)的由马穆鲁克显贵——贝伊们进行统治的体系,一直延续到 1798 年法国占领埃及。

军团内部的叛乱是对能产生收入的资源进行竞争的结果。一开始,各奥斯曼军团都分到了一系列的城市包税(tax-farms),收入用于提供军团成员的军饷。如上文所述,包税不能提供足够的收入,因而需要通过与手工匠人和他们的行会进行合作来补充。直到 1730 年贸易和商业的利润足以支付统治精英的需求。利润主要来自咖啡贸易,它使商人们积累起类似于中世纪的卡里米豪商(karimi merchant princes)所拥有的财富。纺织业产品是另一种收入来源。主要的贸易通道通往汉志,来自印度的咖啡、香料和纺织品在此处交易并被运往埃及,再由埃及卖到

奥斯曼帝国和叙利亚、欧洲、苏丹和北非。埃及贸易是一个中转集散
地,转运从各国进出口的商品。与汉志的贸易利润最为丰厚,第二重要 54
的贸易通道是与奥斯曼帝国的贸易。和欧洲的贸易仅仅占据埃及贸易总量的七分之一。法国商人购买咖啡,从汉志带到埃及,又购买埃及的纺织品去欧洲销售。

到1730年法国商人开始在安的列斯(Antilles)[①]大量生产咖啡,足以替代从汉志运来的摩卡咖啡,严重影响了咖啡贸易带来的财富流入。安的列斯咖啡的味道不如摩卡咖啡,但要便宜得多,很快就占领了欧洲市场。哪怕是奥斯曼人,一开始还在他们的领土内禁止销售安的列斯咖啡,但不久也开始购买。摩卡仍然是受欢迎的商品,但不再是一棵巨大的摇钱树。埃及纺织品也是如此。在18世纪早期纺织品曾经占据埃及对欧洲出口品的60%。埃及纺织品被充斥市场的法国货所取代,法国颁布了一条法令,禁止进口不足一定宽度的外国布匹,这一宽度的布匹只能用法国发明的更宽的新式织布机才能纺成。

为了夺取权力进而获得更多财富,贝伊之间发生冲突司空见惯。每个家族都试图从正在萎缩的商业税和城市税中获取更多份额的财富。为了获得超过对手的优势,马穆鲁克家族开始从欧洲进口武器;为了支付这一昂贵的货物,一个更彻底的税收体系压到百姓头上。对武器以及奢侈进口品的需求的兴起,恰逢农村包税制已经不再能够为贝伊提供他们所需的全部资金,因此他们转向城市地区寻求补充性的收入来源。他们不再给予手下的军队收取城市税的权力,当意识到和手工匠人的联盟几乎没有什么收益时,他们就和金融及商业的精英塔吉尔(*tujjar*,长途贸易商人)结盟。塔吉尔和马穆鲁克一起形成了一个贸易和利润的联盟。从此,埃及的富裕阶层联合起来追求共同的目
标,而贫穷的群体——手工匠人和军队——将要承受后果。塔吉尔想 55
要拿到为马穆鲁克进口武器和奢侈品的报酬,而咖啡和纺织品的价值已经下跌,因此他们寻找新的出口商品来偿付进口。这些商品就是欧

---

① 美洲加勒比海中的群岛。

洲在工业革命发端时开始大量需求的原材料。塔吉尔和马穆鲁克因此合谋通过提高原棉的价格,使埃及本地手工匠无力购买,但维持纺织品的价格不变,使得手工匠继续为本土市场织造纺织品变得无利可图。棉花、大米和糖开始以商业规模进行大量种植和生产,以供应出口市场。

曾经作为贝伊的主要资金来源的土地,产出收益不如过去。马穆鲁克统治后期,大部分马穆鲁克都成了外居地主(absentee landlords),不像他们的先辈那样居住在收税的田地上。外居地主雇佣当地农村的乡绅阿扬(*ayan*),作为他们在乡村的代理人。阿扬把从包税获得的一部分钱财据为己用,这样马穆鲁克收到的部分便减少了。马穆鲁克的确向法拉欣征收了更多的税,但也有一个不能跨过的限度,不然农民会逃离土地和重税,他们就会失去自己的农民。

随着马穆鲁克对金钱的需求的增长,他们开始把包税所有权卖给国内那些有现金的人,即商人、宗教学者(乌拉马)和妇女。商人显然并非是埃及唯一控制着大量现金的群体。他们也急切想要多元化他们的资产,以最小化将来的金融灾难损失。其中一些人还有意于增加可供出口的作物数量,因此对土地进行投资,把简单的农耕转化为服务于出口的商业耕作。乌拉马是国内另一个拥有财产的群体。尽管许多乌拉
56 马生活穷困,但高级乌拉马都很富有,因为他们监管慈善捐助,并控制善款。他们还会从军队得到现金或者粮食形式的报酬,粮食他们会拿来出售。他们也和塔吉尔合伙从事贸易和商业。乌拉马同塔吉尔一样,都开始对拥有土地产生兴趣。第三个群体是妇女,她们多数是马穆鲁克的妻子、女儿或遗孀,从她们的男性亲属那里继承了包税田。乌拉马的妻子和女儿,以及商人的妻子和女儿也从事贸易和商业,并有足够的现金来购买包税田。

包税田以这样的方式从马穆鲁克和军队头领手中转移到新的包税人群体,我们由此推测,到 18 世纪的前三分之一,土地已经慢慢变成一种可以购买、出售和转让的商品,尽管这一现象并未获得官方承认。此外,农村地区的新兴乡绅和新兴地主——商人、宗教学者和妇女——因

为担心局势的转变可能会导致他们的财产被没收，便开始把土地变成一种永久性的捐赠(瓦克夫，*waqf*)。这些永久占有的田产在法律上而言不能被没收，因为它们本质上是为了慈善目的所作的捐赠。这些捐赠可以是纯粹为了慈善，比如像是捐助清真寺、学校或陵墓，也可以是一种把田地转化为永久产业的手段，以防止法定继承人出售或抵押这些田产。后者是一种私人性质的瓦克夫，也附带一些条款具体指明是什么慈善活动。埃及的所有社会服务以及各阶段的教育和学习，都是通过捐助来筹集资金的。许多被让与成为瓦克夫的土地都是以不合法的方式转化的，因为理论上土地转化为瓦克夫必须得到苏丹或最高法律机构的批准。然而埃及农耕地中的五分之一(大约五十万费丹[*faddans*]或英亩[①])都被转化成了瓦克夫。瓦克夫土地通常不被课税，或者只课以极低的税率，这解释了这一体系的吸引力所在。

简而言之，当马穆鲁克需要更多金钱来发动相互间的战争以夺取
支配地位之时，他们面临的是农业收入的下降，以及由于咖啡等商品贸 57
易的损失而导致的商业收入的下滑。其他聚敛钱财的手段必不可少。这些手段包括对城市工人课以更为沉重的赋税，急需钱财时再加上周期税、非法税收和没收充公。军队不再能保护手工匠免遭剥削，因为他们得服从于想把百姓们的全部价值都榨干的贝伊们。

从 18 世纪中叶开始，马穆鲁克贝伊的首领有了一个新的头衔，谢赫贝莱德(*sheikh al-balad*，国家首领，或者在另一个语境中也有村长的意思)。这不是奥斯曼的头衔，但奥斯曼人也认可并接受这一称号，并在与埃及行政当局的书信来往中使用，来指称该国实际上的权力掌控者，即所有马穆鲁克贝伊的首领。这一头衔的出现暗示了马穆鲁克方面所作的集权化尝试，即在一段有限的时期内由一位贝伊凌驾于其他所有人之上。然而贝伊们之间的斗争一直持续到 1768 年，直到一位马穆鲁克终于攫取了权力并建立起比他的任何前任都更为成功的作为谢赫贝莱德的统治。他就是阿里贝伊·卡比尔(Ali Bey al-Kabir)，也

① 费丹是一种古老的土地面积单位，1 费丹大约等于 1.038 英亩，相当于 0.42 公顷。

被人称作“捕云者”(Cloud Catcher),这一绰号来自其宏伟的规划。阿里贝伊不满足于成为埃及的最高统治者。他还决心要使埃及独立于奥斯曼统治,并像先前的许多埃及统治者一样,通过征服周边邻国如汉志和叙利亚,将其扩张为一个帝国。

为了执行他的扩张计划,阿里贝伊必须把权威凌驾于其他马穆鲁克家族之上,不允许国内存在任何反对声音。为此,他或杀死或流放显贵中的反对派。他在极为匆忙之中推进计划,无暇等待年轻的奴隶们
58 成年并接受战争艺术的训练,因此他购买了一支雇佣军,从而改变了马穆鲁克的募兵制度,直接招纳对一个家族、对一个才刚抵达的国家几无忠诚感的成年人。一个中央集权的体系必须建立,以取代先前松散的家族联盟体系,过去的体系尽管随着观念的改变而有所变化,但一直是马穆鲁克“贝伊统治”时期的标志。这位新统治者任命自己的属下为埃及14省的省长;由此一个处于萌芽中的官僚体系和行政等级制度正在形成,其中一系列的控制最终指向于一人。为了确立其唯一性的统治,阿里贝伊不得不除去控制上埃及地区资源的阿拉伯部落谢赫们,因为他们可能会威胁首都的安全,通过扣留供应城市的粮食来使都城陷入饥饿。最后,他还必须建立对塔吉尔的控制,控制贸易和商业,由此把他们的资源和收入占为己用。过去,海关关税和税款也已经被变成包税的形式,用于抵付总督或军队的开销。阿里贝伊从叙利亚新移民中任命新的海关官员,他们使用新的贸易税收办法,使他能更严格地控制这些资源。过去的海关官员是犹太人,与军队有着密切的联盟,因此不为阿里贝伊所信任。最重要的控制贸易和商业的手段是占领那些提供利润最丰厚的贸易通道的国家,例如汉志和叙利亚。占领汉志的行动非常迅速,但在叙利亚的战争使他和控制叙利亚的奥斯曼人发生了冲突。

几个世纪以前奥斯曼军队利用火药击败了马穆鲁克军队,马穆鲁克虽然也会这一技术但并不擅长。阿里贝伊费了很多力气来弥补这一劣势,试图指导他的军队使用火药技术;他甚至用从奥斯曼人的敌人俄国人那儿买来的大炮武装了船只。这一切都是徒劳;历史再次重演,因

为奥斯曼人玩了一手同先前一样的手段,贿赂了阿里贝伊的副统帅。 59
阿里贝伊被他的手下废黜,不得不逃跑求生。有一小段时间他在一个阿拉伯部落那里寻求避难,但他从前的同伴无法安心,直到于1773年将他找到并抓获。

从那以后,埃及继续由马穆鲁克统治,他们对权力的掌握并不稳固,因为他们没有本地力量的基础,只能依赖他们自己的武装力量,这些武装力量并不可靠,还常常要求贿赂作为换取支持的代价。这些要求进一步加深了榨取百姓的必要。为了抗议赋税过重,一连串的百姓起义每十年或十五年就在乡村和城市爆发。没有强有力的人物出现代替阿里贝伊,因此派系联合与斗争最终导致埃及政治变成两位贝伊的双头政治,两个人谁也无法强大到一人独揽大权。

一连串的尼罗河枯水期给埃及带来了饥饿和贫穷,紧随而来的是致命的流行病。编年史学家再次记叙了人与人相食或吃街上死去动物尸体的故事。法拉欣从乡村涌向城市寻找食物,却饿死街头,因为城里也没食物。田地无人租种,接下来的季节自然也没有收成。一些手工匠人已经被商人彻底摧垮,商人们试图阻止本地手工艺生产,以便将原材料出口到需要这些商品来扩张工业的欧洲;这些失去工作的手工匠变成了失业无产者。由于竞争加剧、资源减少,商人们的状况也不容乐观。变革的基础已经铸成。此时人口已经缩减至300万,用于耕作的土地数量也由于劳动力缺乏而减少。

变革以1798年拿破仑·波拿巴领导下的法国对埃及占领的形式到来。拿破仑在大约50名科学家和学者的陪伴下,带领一支庞大并训练有素、在欧洲征战过的军队在埃及登陆,意图建立一个法国殖民地,
正如之后于1830年在阿尔及利亚更成功的行动一样。起初马穆鲁克 60
还进行了些许抵抗,百姓也是如此,但是面对大炮和老近卫军(the Old Guard,仿佛重演了1516年马穆鲁克面对奥斯曼人的事件),他们还是转身逃跑,一些逃往了加沙,一些逃到由他们控制粮食来源的上埃及地区。法国人从未成功建立对整个埃及的控制,因为一旦他们追击马穆鲁克,后者就会继续南逃入苏丹,而只要法国人一撤离该地区,他们就

马上回来。法国人既无资源也无人力在埃及全境驻扎军队,最后仅仅控制了首都和部分三角洲地区。他们在埃及的情况总体上并不稳固。法国舰队被纳尔逊勋爵(Lord Nelson)在阿布基尔湾(the Bay of Abuqir)击沉,阿卡战役也是大败,瘟疫摧毁了驻巴勒斯坦的部队。登陆埃及一年多以后,拿破仑抛弃了他的部下,秘密离开埃及返回法国,发动给他带来权力的那场政变。

法国军队被留下来尽力应对局面,没有任何船只提供补给,也没有被营救撤离的希望。被拿破仑留下来负责的克莱贝尔(Kleber)将军竭尽所能,但他毫无留驻埃及的意愿,他的部队也是如此。最终他同马穆鲁克达成共识,马穆鲁克为他提供从上埃及地区运来的粮食,作为回报他认可他们在埃及的统治权。克莱贝尔还遭遇了一次当地的起义,最终被一个来自阿勒颇的叙利亚人刺杀。

克莱贝尔的继任者是雅克·梅努(Jacques Menou)将军。和只想着回国的克莱贝尔不同,他十分认真地执行拿破仑把埃及变为法国一个行省的计划。他着手改革行政体系,建立一条指挥链。梅努皈依了伊斯兰教,娶了罗塞塔(Rosetta),一个澡堂老板的女儿,错以为他这样就和埃及贵族阶层联姻,因为他妻子的家庭是先知的后代。他成了法
61 国人和埃及人双方的笑柄,其他法国人只想着离开埃及、返回一切激情正在酝酿的法国;埃及人则偷偷取笑他把妻子当作法国女人来对待。

奥斯曼人终于于1801年振奋起来,和英国人携手,组织了一次远征,以期把法国人驱逐出埃及。英奥联军成功逼迫法国人撤离埃及,奥斯曼人获得名义上的控制权。马穆鲁克以为他们会官复原职,英国方面支持这一设想,觉得能控制马穆鲁克为己所用。另一方面,奥斯曼人则认为他们在埃及的存在会发展出一种新形式的政府,并终结马穆鲁克的势力,在过去的几十年间,马穆鲁克给奥斯曼人带来巨大的麻烦和焦虑,还常常借口缺钱不向帝都缴纳贡赋。当地百姓在法国占领时期已经变得习惯于依靠他们天然的领袖乌拉马,拿破仑把乌拉马们召集入迪万来帮助统治埃及。结果百姓们发现自己现在不得不在斗争双方的夹缝中求生存。

法国对埃及的征服割断了维系马穆鲁克和当地百姓之间的纽带。埃及人忍受马穆鲁克的原因,除了自己没有军事力量来驱逐他们以外,还是因为他们相信至少马穆鲁克能保护他们免遭任何形式的外国侵略。这一理由被事实证明站不住脚,马穆鲁克在军事上的效用已经丧失。埃及人的领袖,乌拉马,即宗教学者,被法国人赋予行政职能,尽管这些职能并非出于他们自己的选择,他们也开始认为在埃及寻找一个代替马穆鲁克的统治是可行的,只要他们能找到那个合适的人。这个人很快就会出现,是一个年轻的军官,跟随组成了奥斯曼军队两翼之一的阿尔巴尼亚部队来到埃及,这个人叫作穆罕默德·阿里,他将要改变埃及的历史。

穆罕默德·阿里从低级军官的位置迅速蹿升成为阿尔巴尼亚雇佣 62
军的副司令。在阿尔巴尼亚人的首领在权力斗争中被奥斯曼人暗杀以后,他成了总司令。1801 到 1805 年间,埃及经历了一段动荡不安的时期,奥斯曼人、马穆鲁克和英军都试图扶植他们各自的候选人成为埃及总督。

奥斯曼人任命的总督们都既贪婪又无能,也无法约束手下的士兵。奥斯曼士兵把埃及当作被占领土,任意洗劫掠夺。在过去三年遭受了法国占领和随之而来的贸易中断,埃及人发现他们被宗主国"解放"之后接下来三年要面临的情况更糟糕。所有原先存在的商业活动都戛然停止。奥斯曼人的苛捐杂税更为严酷,以至于到了士兵们直接搜刮百姓房屋的程度;他们从大街上和公共浴室里绑架妇女,不付钱就拿走任何他们喜欢的东西。他们的理由是长官没有付给他们军饷。另一方面,奥斯曼行政官员们和马穆鲁克贝伊们轮流压榨百姓,各自声称他们收取的税金名正言顺。奥斯曼人试图给马穆鲁克布下陷阱,意图将之根除,马穆鲁克在英国人的干涉下才侥幸逃脱。简言之,军队之间为了权力相互争斗;一个总督遇刺之后,继任者也很快被杀。当时的状况最恰当的形容是混乱无序。

在整个这段时期,百姓们忍受着再度占领的蹂躏,国家的天然领袖乌拉马们则和唯一一个看上去知道自己在做什么、言谈有理智的人打起交道。这个人就是穆罕默德·阿里,他向乌拉马逢迎讨好,尤其是讨好一个叫作赛义德·欧麦尔·木开拉姆(Sayyid Umar Makram)的贵族首领。起初,穆罕默德·阿里和马穆鲁克中的一派交好,通过这一联
63 盟他崛起并进入公众视野。接着,他接近乌拉马,跟他们说如果治理有方,埃及会变得富裕繁荣。由于贸易停滞和苛捐杂税而致贫的乌拉马和商人们听信了穆罕默德·阿里的话,相信他就是他们一直以来寻找的那个替代统治者。当一位奥斯曼总督由于无法控制自己的士兵而从叙利亚引进了一支部队以后,状况变得愈发令人绝望。这些被称为德里人(Delhis)或“疯子”的士兵以头戴阿斯特拉罕(astrakhan)羔羊皮高帽和缺乏纪律而臭名昭著。这支由德鲁兹派(Druze)、努萨里派(Nusairis)和穆泰维拉派(Matawila)[①]组成的部队,比埃及人曾见过的任何军队都要糟糕。他们攻击村庄,强奸妇女,把妇女孩子同其他能搬走的东西一块儿都抢走。

绝望之下,乌拉马与穆罕默德·阿里商议,根据人民的意愿,要求他成为埃及总督,只要他保证在统治时听从他们的意见、遵守他们的规矩,也就是说只要他同意和乌拉马磋商共治。他接受了这一条件,于是乌拉马鼓动开罗本地百姓包围城堡里的奥斯曼总督,宣布穆罕默德·阿里为埃及总督。奥斯曼总督抵抗这一行动,认为自己是由苏丹任命的,轮不到埃及法拉欣来罢黜他。但是当苏丹认可了乌拉马的选择之后,总督别无他法只能收拾行装,把埃及留给新总督穆罕默德·阿里。

奥斯曼总督一走,马穆鲁克就试图重新获取他们从前在首都的职位。但他们被乌拉马背叛,后者拒绝他们重得权力,他们接下来即将同穆罕默德·阿里进行为期数年的斗争,从1805年他被宣布为总督,直至1811年,马穆鲁克的抵抗才告结束。

苏丹只是暂时接受乌拉马提出的总督人选,但他决不想让穆罕默
64 德·阿里成为永久的总督。无论如何,即使存在例外,奥斯曼的制度不

① 德鲁兹派前文提到过,是伊斯兰教什叶派里的一个分支,受到基督教等其他教派的影响,被伊斯兰正统教派视为异端。其教徒主要分布在叙利亚、黎巴嫩、以色列、约旦等地。努萨里派是主要分布在叙利亚的一个什叶派的分支。穆泰维拉派是黎巴嫩的什叶派穆斯林。

允许一位省长在任何一个地方任职超过一年。穆罕默德·阿里,一个来自卡瓦拉(Kavala)城[①]、出身低微的突厥人(也有人认为他是库尔德人),奥斯曼军中受人轻视的雇佣军阿尔巴尼亚部队的统帅,于 1805 年成为埃及总督。哪怕奥斯曼人密谋反对,他在这个位子上一直坐到 1848 年。他建立了一个统治埃及直到 1952 年的王朝。他开启了现代化进程和一个现代国家体系的发展。

① 希腊北部海港城市。

# 第四章 国家体系初建（1805—1922）

65 穆罕默德·阿里在埃及的统治大致可分为两个时期。最初几年，他致力于巩固统治和消灭异己。第二个阶段主要用于经济和军事扩张。他和他的支持者——他的突厥—阿尔巴尼亚同伴、当地的穆斯林和少数族裔塔吉尔——共同谋划建立一个中央集权统治，建立法律与秩序，从而复苏贸易和商业。

最初几年，新总督或哄骗或贿赂马穆鲁克贝伊们与之为伍，对拒绝者则以武力攻击，直到他成为这片土地上唯一的领主。他于 1811 年终于大功告成，最后一批马穆鲁克被邀请去城堡参加庆祝活动，遭到埋伏被杀。这次事件是一次小范围的肃清扫尾行动，根除了大约 24 名贝伊和他们的副手。这一时期充满了血腥事件，新总督对马穆鲁克所做的一切，如果换作马穆鲁克处在他的位置也会对他如此下手。

到此时，关于埃及未来的计划对这位新总督来说已变得更为清晰，一个有条理的行动方案已经在他的脑海里被勾勒出来。首先，穆罕默德·阿里和他的支持者是重商主义者，同马穆鲁克统治时期的一些塔吉尔一样，他们相信应当扩大用于出口的农业，但他们也希望引进工业化，以便于从本土种植的农产品原材料中获利，并做到自给自足，以防止金银流向海外。出于对外国势力入侵埃及的担心（因为 1807 年英国已经试图占领埃及但被挫败),或者是害怕被其宗主苏丹撤换或驱逐,穆罕默德·阿里和他的行政机构力图增强军队、建立海军和商船队。
工业化的初步尝试以建立一个军工综合体为目的,使埃及能制造自己 66
的军事装备,结束对外国进口品的依赖。每一样最初进口而来的物件都很快在新的工厂里仿造出来,然后组装成相当数量的来复枪、火枪、火炮、火药和小型火器。

工业化的第二步是建立纺织厂,并使用本地生产的棉花和亚麻。到1821年长绒棉已经被发现,并投入生产。桑蚕和桑树从叙利亚和黎巴嫩引进,以扩大丝绸的生产与制造。甚至还从印度引入了克什米尔细毛山羊,试图增加羊毛产量。

一旦工业化发展进入轨道,为商品寻找市场成为必须,紧随而来的是沿着该国传统贸易通道进行军事扩张的计划。起初,扩张是往汉志的方向,苏丹催促穆罕默德·阿里去那儿镇压瓦哈比派(Wahhabis)反抗奥斯曼政权的叛乱。瓦哈比派,一位激进主义宗教改革者的追随者们,已经征服了组成现代沙特阿拉伯的全部领土,包括圣城麦加和麦地那,因此已经摆脱了作为圣城保护者的苏丹的管辖。更有甚者,瓦哈比派阻断了朝圣团队进入圣城,因此损害了奥斯曼帝国的财政收入及其作为穆斯林社会领袖的地位。奥斯曼苏丹催促穆罕默德·阿里向瓦哈比派开战,希望要么这位新任埃及总督被打败,让奥斯曼人摆脱一个棘手的暴发户,要么他获胜,为苏丹镇压一场危险的宗教政治运动。无论哪种情况,派穆罕默德·阿里去汉志打仗对奥斯曼人而言没有任何损失,只会得到很多好处。穆罕默德·阿里的军队终于在1818年扑灭了瓦哈比运动(尽管这一运动并未就此消亡,第二个瓦哈比王国即将崛起)。

汉志战役一结束,穆罕默德·阿里的儿子易卜拉欣(Ibrahim)被任 67
命为该地区总督,埃及总督则把注意力转向苏丹。由于担心这位总督的军事威力,奥斯曼人拒绝为他折损的军队补给奴隶或雇佣军;而他还迫切需要黄金来资助他的项目。他希望在苏丹同时找到这两样东西:填充军队的奴隶和财富来源。从黄金和人力的角度而言,对苏丹的远征失败了。在那儿找到的黄金品质低劣,不值得开采,苏丹人也无法适应埃及的气候或食物而大批死亡。但是对苏丹的征服给埃及带来了一块巨大的领土,到1822年埃及已变成一个帝国而非从属于奥斯曼宗主的许多行省之一。尽管总督名义上还只是一省之长,但他实际上还控制着汉志和苏丹。

由于无法从奥斯曼帝国或苏丹得到人员补充,埃及军队不得不进行转变。过去,军队由不同的种族团体构成,包括北非人、波斯尼亚人、明格列尔人(Mingrelians)、切尔克斯人(Circassians)、阿尔巴尼亚人等。他们只服从于自己的军官,从自己的军官那里得到军饷,还随意脱离队伍。军队里没有统一的命令,几乎没有纪律性,甚至没有一种通用语。这一切很快就要发生改变,这支军队被改变成欧洲模式的战斗力量。穆罕默德·阿里雇佣了在拿破仑的军队解散之后涌向埃及寻求就业的法国军官,他们劝说这位统治者尝试征召埃及法拉欣入伍。他们解释说,毕竟拿破仑也是这么对待法国农民的,为什么穆罕默德·阿里不能这么做?一开始这位统治者惊愕于这个将法拉欣变为士兵的主意,但他很快发现没有其他方法可用,便同意从埃及百姓中征兵。后来埃及军队扩充到超过100 000人。高级军官全是奥斯曼人,但普通士兵和最高到上尉职位的年轻军官都是埃及人。

68 军队不仅进行了现代化改革和组织精简,也配备了最新的武器装备。军队现代化必然意味着需要发展和扩大教育体系,以培养参谋、工程兵、外科医生和兽医。各种学校在埃及兴办,留学生被送往国外学习军事和其他方面的技术。由此,军队成了一个崭新的、世俗性质的全面教育项目的驱动力。新政权并非是为了教育而教育埃及百姓;只不过他们看到了引进技术的必要性,而教育是唯一的途径。穆罕默德·阿里直到47岁还是文盲,但他对教育十分狂热到了几近迷恋的程度。他经常劝告他的儿女(有30个之多)努力学习,学习“人文和科学”,因为教育是通往成功的关键,可以为他们开启未来。他唯一朝子女们发怒的时候就是他们不愿意学习的时候。

在埃及建立的这些野心勃勃的项目,需要丰厚的资金,而这个深受连年战争和外国剥削之苦的国家难以提供这样的巨款。第一笔资金的积累来自打败马穆鲁克以后,获取的上埃及地区的粮店的意外横财。谷物被出口用于补给正深陷于半岛战争的英军,他们从 1808 到 1812 年间与拿破仑军队苦战。出口的谷物价格持续上涨,为扩大灌溉系统提供了资金。灌溉系统使一些传统上庄稼一年一熟的地区变成一年两熟甚至三熟。淹灌缓慢转变为常年灌溉的方式。新灌溉的土地被用于种植以出口为导向的经济作物;这些土地被种上了棉花、甘蔗、靛蓝和亚麻。这并不算是一个全新的起点,从 18 世纪中期开始埃及就已经逐渐在向经济作物经济转型,以响应欧洲工业化对原材料的需求,以及作为由于咖啡和纺织品贸易衰落所需的替代性收入来源。新统治者 69
加速了这一趋势,以获取资金,并更彻底地支配生产资料。

土地占有制也进行了改革。原来的包税人被新政权赶走,一些土地被分给新的统治精英。这一精英阶层包括总督,他的家人及其臣属,还有被吸纳入行政当局的埃及本地人。曾经在马穆鲁克时期作为村落首领(*sheikh al-balad* 或 *umda*)的本地埃及贵族(*ayan*),为新政府所用,被委以收税和在村庄一级代表政府的职务。为了奖励农村行政人员承担这些职能,他们被给予每 105 费丹土地中大约 5%的土地作为奖励。正是从这些农村贵族"ayan"中间,诞生了当地的地主,到 19 世纪末,他们拥有的土地将会发展成大型庄园。

为了使农产品产出从自给经济的水平发展为经济作物经济,土地占有制的变化是必要的。法拉欣个个受到严格的管制。过去农民用自己的农具耕地,一年劳动大约 150 天。其余的日子,田地就泡在洪水里闲置着,农民要么从事家庭手工业,补充家庭收入,要么就随自己的心意无所事事。在新政权下,他被告知该种什么、什么时候种,他也必须把收成以固定的价格卖给政府。这些价格或许比他过去赚的要多,但是法拉欣被剥削得也更多,因为他要付出额外的劳动时间,被强迫劳作种植新的作物,并忍受高度严格的管理。如果得到灌溉的田地上种植了新的劳动密集型作物,比如棉花或甘蔗,法拉欣就得一年工作 250 天。法拉欣被强征劳役,挖凿新的沟渠和灌溉水渠,给老旧的沟渠

清淤,这些沟渠必须得定期挖深并清理淤积的泥沙。当法拉欣还被要
70 求在上层和有权势的人的田地里服劳役时,情况变得更糟糕。的确,过去农民也在马穆鲁克和包税人的土地上服劳役,在历史记录者的文字里,他们的待遇还不如奴隶,但是工作时间要短一些。而现在强制劳役打乱了家庭生活,因为法拉欣有时候被带到其他地方去开挖水渠,而他的家人没有其他收入途径,只能跟随前往。行政当局宣称,与过去的习俗不同,政府付钱给劳役工人还给他们饭吃,这在多数情况下当然是事实;然而劳役给法拉欣强加了额外的艰辛,因为无论他有没有报酬,他并没有选择的自由。

通过灌溉工程而新开发的可耕地被提供给任何愿意耕种的人。直到土地开始产出庄稼为止的前几年,土地税都被豁免。行政当局在寻找劳动力的过程中,尝试让贝都因部落定居,把他们变成农民。当局成功劝说部落首领,只要贝都因人愿意种地,就给他们免税的部落土地。部落首领很快就变成了大庄园主。任何保证会纳税的法拉欣都被允许接管土地。当时的问题不是缺乏土地而是缺少劳动力。

引进埃及的工业化项目加剧了人力短缺。哪怕我们假设在新工厂里工作的人员并不是法拉欣出身,而是在上个世纪的各种事件和手工业衰落中变为无产者的城市工人,工业化也的确耗尽了一定比例的人力资源。当军队扩张,吸纳埃及士兵入伍时,问题变得更为严重;法拉欣被强迫剥离土地,征入军队。

军队成了最不受欢迎的职业形式。人们讨厌工厂,但更害怕军队。
71 被征召的士兵有时候自残来逃避入伍。征兵采取的手段和当时欧洲的做法一样粗暴,方法也相同。穆罕默德·阿里和他领导的政府把埃及卷入了许多战争:同汉志(1811—1818),苏丹(1820—1822),克里特(Crete),塞浦路斯和摩里亚(Morea)(1824—1828)的战争,以及两次在叙利亚的战争(1831—1833 和 1839—1840)。全部战争,除了在汉志的以外,都使用的是从数量不超过 500 万的人口中征兵而成的军队。但军队成为埃及化的一个主要工具,因为只要仍是由异族人组成军队,埃及人就不能把他们的土地称作是他们自己的。

易卜拉欣帕夏,穆罕默德·阿里的长子和司令官,想要把军队全部埃及化,并提拔埃及人担任最高的军队职衔。在他的青年时代,16 岁时,他被送往伊斯坦布尔作为人质,为其父亲的行为作担保,也作为其父会向帝国国库缴纳他承诺进献的、以维持其埃及总督身份的贡赋的保证。在伊斯坦布尔流亡的这一年给易卜拉欣留下深刻的印记,使他转而反对奥斯曼人。之后的年月中,他常常说自己在幼年时来到埃及,埃及的烈日将他炙烤成了埃及人。他不记得有其他家乡,只对埃及效忠,当然不会效忠于他讨厌和鄙视的奥斯曼人。他的父亲哪怕和奥斯曼人开战也还是把自己当作是奥斯曼人,易卜拉欣和他的父亲不同,他是一个埃及人。就像是为独立战争而奋战的美国殖民者,穆罕默德·阿里想要在经济和军事上独立于奥斯曼人,但还是想维系与他们的文化纽带。易卜拉欣想要的则是完全彻底的独立。他反复劝说他的父亲,直到被允许提拔埃及人获得上尉和少校的军衔,他向其父保证埃及人要比军队里的突厥人更忠诚于他的家族和国家。

不仅是军队,政府行政机构也埃及化了。副省长以下的官员现在全部变为埃及本土人。只有省长依然是奥斯曼人,但这种情况到下一
代就会发生改变。埃及人第一次成为行政机构里活跃的一分子,不再 72
仅仅是做些科普特人的传统职业领域,如图书管理员和书记员的工作。无论是埃及人还是奥斯曼人,政府官员时常被统治者督促、鞭策,要求他们做得更好,对百姓友善,勤政廉洁。有些说教被他们无视。这些人就会收到以“蠢驴”或更糟糕的开头的信件,信末还威胁要把他们的胡子一根一根拔出来,把他们活着扔到海里或河里,把他们活埋了,或者最羞辱的情况,把他们贬谪为法拉欣,这大概是比死更悲惨的结局,尤其对奥斯曼人而言。通过斥责、威胁和许诺奖赏,整个政府行政机构被迫保持集体的干劲。缓慢然而确定地,埃及被半推半拉地进入了国家(state)[1]的形式。

---

① 此处是全书第一次出现 state 这个词来指称埃及,之前提到“国家”用的是 country 一词。

在大多数国家,百姓中的亲属关系创造了建立国家的需要;在埃及则正好相反。先有国家,然后才在百姓中激发出亲属感和归属感。穆罕默德·阿里从一个过去的奥斯曼行省中建立了一个国家,给埃及人带来身份认同感,通过迫使他们加入政府而使他们的利益与国家相关。这是从法老时代之后,国家第一次允许埃及人在某种程度上与行政当局产生认同——但是完全的认同要到一个世纪以后才会实现。行政部门雇佣埃及人,虽然人数还不多,不过,人数后来很快就增加并彻底碾压了外族人。

即将困扰当局多年的战争是在欧洲发展出来的重商主义经济计划的后果。一个国家应当出口多于进口是这一思潮中的一条基本原则。因此,进口替代的模式被建立起来,本地的材料被加工用于出口。然而,为了推进积极出口政策,最简单的途径就是对外征服和建立殖民地,使之成为新兴工业的市场。而且,新占领的殖民地会进一步为工业
73 提供原材料,为工业和军队提供技术和人力。要是这些殖民地刚好在地中海沿岸,它们还能让埃及控制地中海东部,并由此控制该地区的商业。扩张因此理所当然地沿着汉志、苏丹、摩里亚和叙利亚的商道推进。

摩里亚战役是在苏丹的请求,或更确切说是命令下爆发的。希腊独立战争向奥斯曼人表明他们的军队根本无法对抗他们口中所谓的"乌合之众"。他们被迫求助于穆罕默德·阿里,当时帝国中最强大的总督。按照真正奥斯曼人的做法,他们害怕把他的军队派往摩里亚,担心万一他的军队对帝都反戈,所以把时间浪费在先把他的军队派往征服克里特和塞浦路斯,这一征服迅速完成。到此时奥斯曼人已别无他法,只能派由穆罕默德·阿里的儿子易卜拉欣率领的埃及军队前往摩里亚,并向这位总督许诺以摩里亚和叙利亚作为胜利的奖赏。

易卜拉欣帕夏成功实现对摩里亚省的控制,事实上他是如此成功以至于给了欧洲各国担忧的理由。俄国人在希腊问题上犹豫不决;他们希望建立一个希腊附庸国,但又同样担忧独立战争的后果,可能会导致将来把希腊变成一个有相似意图的革命者的避难所。另一方面希腊

人担心俄国人对他们的势力控制,便转向英国求助。英国想要一个独立的希腊,因为英国商人已经和希腊商人做了一段时间的贸易,就算不是完全主导东地中海的贸易,也共同主导着整个黑海地区。同时,英国人担心俄国人在地中海地区势力崛起,从拿破仑的海军被摧毁以后,这里实质上已经成了英国的内湖。

与一个信奉基督教的民族一起对抗被仇视的穆斯林奥斯曼人的共
同事业,使其他欧洲国家联合起来加入在摩里亚对抗易卜拉欣的行动。
对摩里亚的占领在面向欧洲公众的新闻报道中被描述为穆斯林方面采
取的消灭基督徒的一步行动。关于大规模驱逐希腊百姓出境,以及易 74
卜拉欣军队所作的令人发指的残暴行为的谣言四处散播。这些谣言大部分都显然不是事实。暴行并不仅限于某支军队,希腊人和埃及人同样残暴野蛮,事实上和当时的任何其他欧洲军队没什么两样。以人道主义者自诩、但出于和所有其他争斗者——或许除了希腊人自己以外,他们至少在为独立而斗争——同样的贪婪动机,一支由英国、法国和奥地利组成的舰队于1827年在纳瓦里诺海湾(the Bay of Navarino)击沉了奥斯曼—埃及联合舰队。易卜拉欣麾下的军队被围困于摩里亚,没有得到补给和食物的任何希望,因为欧洲海军迅速地对其进行封锁。最终穆罕默德·阿里被迫安排利用欧洲船只将军队撤离摩里亚,交换条件是他的军队完全撤出这一地区。

摩里亚战役花费了这位总督大量金钱,却几乎没有回报,因为当他要求叙利亚的控制权时,被断然拒绝。无论如何他计划占领叙利亚,在接下来的两年内,为入侵叙利亚作准备。入侵的步伐十分迅速。奥斯曼军队被新训练出来的埃及军队一次又一次打败,直至连奥斯曼的首相也在战斗中被俘。黎巴嫩的埃米尔成了埃及人的盟友,将黎巴嫩向埃及军队敞开。1833年,埃及人兵临帝都城下,奥斯曼人终于承认失败;他们被迫将南安纳托利亚和大叙利亚地区作为行省给予易卜拉欣帕夏统治。

这样的胜利不会不受惩罚。奥斯曼人请求英国人帮助,但是英国政府正忙于应付欧洲的各种危机,其中有五次差点就发展为大型冲突,因此他们没有什么时间分给奥斯曼人。另一方面，当埃及军队已经抵达离都城行军只需一日之遥时，俄国人匆忙赶来援助他们的老对手奥
75 斯曼人，提出和他们签一个条约。这个于1833年在安吉阿尔-斯凯莱西(Unkiar Skelessi)签订的条约包括一条秘密条款，许诺在战争时期向俄国船只开放达达尼尔海峡(Dardanelles)，禁止其他任何国家船只通行。这一条约满足了俄国从叶卡捷琳娜女皇(Catherine the Great)时期至今外交政策中一个恒定的目标，即俄国舰队需要通往不冻海的通道，在地中海获得立足之地。当俄国军队在博斯普鲁斯海峡(Bosphorus)的另一侧驻扎下来后，易卜拉欣的军队无法继续推进，奥斯曼人和埃及人于1833年签订《屈塔西亚和平协议》(the peace of Kutahia)。

当英国政府得知《安吉阿尔-斯凯莱西条约》(the Treaty of Unkiar Skelessi)的内容时，他们被激怒了，尤其是彼时长期担任外交大臣的帕麦斯顿(Palmerston)。穆罕默德·阿里激进的工业政策开始变成英国商人的麻烦，这进一步惹怒了帕麦斯顿。为了控制国家的资源，总督控制了所有的进出口。只有少数商人，包括英格兰人赛缪尔·布里格斯(Samuel Briggs)，被允许在埃及进行买卖，但他们只能和总督进行买卖，总督因此成了唯一的商人。他禁运能与埃及产品竞争的进口物品，认为这是必要的手段以保护刚起步的工业直到其具有竞争力。贸易替代和禁运同时进行。曾经倾销埃及并压垮了大量当地纺织厂的英国纺织品遭到禁运。受到英国纺织品生产者珍视，从1821年起在埃及种植的长绒棉，开始在埃及的工厂里使用，使英国的工业家们感到惊慌，担心随着时日渐久，长绒棉会全部在埃及本土消耗掉。这样的政策与自由贸易运动相冲突。自由贸易席卷英国正是因为它适合英国的经济，该运动试图将自由贸易强加给其他国家，必要的时候诉诸武力——就如对中国的鸦片战争——但是在英国国内却对玉米坚持实行保护性关税。

对叙利亚的扩张也与英国的商业利益背道而驰，因为中东已经成
76 为英国货物的主要市场。19世纪30年代英国正经历一场严重的经济

危机,因而采取激进的出口政策以挽救英国工业。这一政策得到英国政府,尤其是帕麦斯顿的支持,使英国工业家们能够靠“卖给棕色人和黑种人的衬衫”过活。这一政策与穆罕默德·阿里的利益相违背,他在占领叙利亚之后,试图向那儿倾销埃及而非英国的货物,寻求开发叙利亚的资源为埃及所用。英国的商业利益受到一个威胁要封锁东地中海地区市场的政策的动摇,尽管事实上这一政策并非如此,在此期间英国贸易也不减反增。帕麦斯顿因此转向奥斯曼苏丹,许诺英国会帮助他对付那个令他厌烦的封臣。1838 年奥斯曼帝国和英国之间签订了一个商业条约,即《巴尔塔李曼条约》(the treaty of Balta Liman)。这一条约设定了有利于英国和所有其他欧洲商人的关税,牺牲本地商人的利益,后者要支付更高额的关税。负责商谈条约的英国官员使奥斯曼人相信,因为条约详细规定要结束任何形式的垄断,它会破坏穆罕默德·阿里的经济基础,从而削弱他为军队提供资金的能力。同时,这位官员非常清楚这一条约将摧毁奥斯曼帝国的经济,但是并没有告诉奥斯曼人这一细节。

在条约的具体款项在埃及实施之前,奥斯曼人进攻埃及在叙利亚的战略要地,新一轮的斗争在奥斯曼和埃及军队之间爆发。1840 年奥斯曼人再次被易卜拉欣的部队在内兹卜(Nezib)战役中击败。这次英国政府介入,阻止奥斯曼人接受埃及提出的条件。他们说服其他欧洲国家——包括一直是穆罕默德·阿里盟友的法国——支持英国在叙利亚针对易卜拉欣的外交行动。欧洲军队抵达黎巴嫩,易卜拉欣不仅要镇压叙利亚各地由于英国和奥斯曼的煽动和被占领的普遍不满情绪而 77
引发的起义;他还得同欧洲军队作战。当英国海军在亚历山大港穆罕默德·阿里的卧室窗户外面阅兵时,他不得不承认失败,被迫从叙利亚撤兵。

英国的干涉使这位总督的宏伟计划终以失败告终。他只能认可埃及的帕夏统治继承制,即根据奥斯曼的法律由统治家族中年纪最长的男性继位,并遵守 1840 年签订的《伦敦条约》。《巴尔塔李曼条约》的条款在埃及实施;总督抗拒了一段时间,但最后不得不认可。他的禁运和垄断政策被废止,与武器和战争相关商品的工业也被停止。其余工厂,在丧失了政策保护之后,很快就被证明完全不是从《巴尔塔李曼条约》中享受了关税优惠的欧洲商品的对手。工业化尝试从此停滞了一个世纪。埃及降格成一个行省的地位,唯一的商业和经济功能就是为欧洲工业提供原材料。埃及再次从一个帝国的中心跌落至行省的行列。

一些史学家想让我们相信穆罕默德·阿里的统治给埃及带来了巨大的损失,包括金钱、生命和注定会失败白费精力的工业化尝试。但是穆罕默德·阿里使埃及实现了埃及化,哪怕他自身并没有计划那样做,也从来没有意识到他这么做了。他也为一个国家的形成打下了基础,建立了一个在治理中遵从逻辑性原则的行政体系。他赋予在他军队中战斗的埃及法拉欣击败奥斯曼人的自豪感,以及对建立正面的自我认同大有帮助的成就感,哪怕他们讨厌军队想要逃避兵役。总督还开办了学习科学和技术的学校;引进了数百种植物、树种和各种水果,以至于几乎现在所有埃及的水果和蔬菜都可追溯到那时。他延续了 18 世
78 纪开始出现的经济趋势,把经济导向于对欧洲市场的出口。在这一方面我相信他没有什么选择;迟早埃及和整个奥斯曼帝国会被欧洲市场体系所吞噬,会失去他们本土、自主的市场,而屈服于欧洲的主导和需求。欧洲的主导加速了土地所有制的变化,导致法拉欣失去土地,使他们与生产工具疏离,离开自给经济,这是为了把土地变成用于经济作物生产,向以出口为导向的经济转变。

穆罕默德·阿里试图从奥斯曼人那里为他的继承人争取更多的权利,但是他清楚他的继承人会面临困境。易卜拉欣,一个能干而充满能量的人,得了肺结核,先于他父亲去世,而家族里的其他成员不是稚龄就是懒惰、保守之人,比如总督的孙子阿拔斯。总督自己的健康由于服用了一剂硝酸银而恶化,他的医生本来想为他治疗痢疾,却导致了严重的大脑损伤,使他陷入时而疯癫时而清醒的状态。当他清醒的状态越来越少的时候,他的儿子易卜拉欣取代他(1848 年)成为总督,而他自己并不知情。几个月之后易卜拉欣亡故,阿拔斯继任。穆罕默德·阿里最终于 1849 年去世。

埃及的不幸是,穆罕默德·阿里的继任者中没有一人有他一半的
能量和想象力,更不用说政治技巧。阿拔斯想要回归奥斯曼的怀抱,把
他的精力集中于尽其所能从农业中榨取收入。他急剧削减陆军和海军
的规模——不仅是根据和奥斯曼人的协议规定,也因为他想要节约开
支,认为陆军和海军无甚用处。他认为工业化只是浪费财力,因为他自
己从出售个人巨大的田产上出产的原材料中就已经牟取了丰厚的利
润。他统治下唯一的经济亮点是修建了一条从开罗到苏伊士的铁路,
给在西奈半岛和东方船运公司(Orient Steamship Line)的旅行者提供 79
了便利。他于1854年被其侍卫所杀,他的统治就此结束。他的叔叔,
穆罕默德·阿里的儿子赛义德(Said)继位。

赛义德是一个大胖子,他的父亲不断迫使他减肥,让他的童年过得很痛苦。穆罕默德·阿里厌恶肥胖,他每周都送信给这个儿子要求他减肥,表示对他满身松弛赘肉的外表感到不快,强制他节食,或者要求他进行越来越多劳累的锻炼来减轻体重。在海军里服役的赛义德被要求一天数次爬上爬下船桅,在宫殿的楼梯上来回跑步上下,或沿着亚历山大的城墙跑步。这个肥胖、缺乏安全感、从未减肥成功的孩子,和法国领事斐迪南·德·雷赛布(Ferdinand de Lesseps)成了朋友。据谣传,后者偷偷地给赛义德吃意大利面。两人之间结成了友谊的纽带,后来,赛义德轻而易举地就被他的这位朋友说服,以为只要同意给予后者在苏伊士开凿一条连通地中海和红海的运河的特许权,就能让自己世界闻名。赛义德这么做的确让他变得出名,但出名的原因更多是由于他的轻信,轻易受骗签署了一个对己方不利的特许权。这一特许最终导致他不得不向外国借款来购买那些他本不想买却被德·雷赛布强迫购买的未售出的股份。这条运河后来导致100 000名埃及人死亡,这些服劳役的劳工不得不徒手开凿,因为公司拒绝给工人提供任何工具、食物及栖身之所。60 000名埃及人被动员起来,分三班,每班20 000人轮流开凿运河。这些人都无法再从事农业生产。

整个项目非常不合规范,因为没有奥斯曼苏丹的许可,赛义德并没有法律权力开展这个工程。当苏丹拒绝给予许可时,德·雷赛布不管

不顾继续工程。他希望他的表亲欧仁妮皇后(Empress Eugénie)会给
苏丹施压让他允许工程继续不受干扰。很可靠的流言说法国首相和皇
80 后都收到了该工程的秘密股份。同时,英国铁路游说团则在英国扼杀
了这一工程,因为该计划对他们在埃及的铁路项目完全不利。英国政
府胁迫苏丹拒绝批准工程特许权,而法国人则时而胁迫时而劝诱苏丹
给予许可。到许可最终下发之时,运河已经几乎完成了一半。

赛义德本来的继任者应该是他的侄子艾哈迈德(Ahmad),易卜拉欣帕夏的长子。但是艾哈迈德死于一场铁路事故。艾哈迈德和一群王子们为一条在平旋桥上横跨尼罗河的新铁路线开幕剪彩。有人忘了准时合拢桥面,整辆列车冲入尼罗河,车上乘客全部遇难,只有穆罕默德·阿里最小的儿子哈利姆王子(Prince Halim)幸免,他当时坐在打开的窗户旁,从列车里游出来得以逃生。艾哈迈德的弟弟伊斯梅尔(Ismail)是唯一一个没有参加庆典的王子,据称是因为身体不舒服,于是他成了埃及的统治者。艾哈迈德的家人一直怀疑伊斯梅尔在这桩事故中插了一手,但没有任何证据能坐实这一怀疑。

伊斯梅尔(1863—1879)以精明的乡绅形象而闻名,他的土地是模
范田产。一登上王位,他就不得不借钱来偿还运河产生的更多外债。
苏伊士运河公司声称埃及政府欠他们债务,双方决定要求仲裁,仲裁者
是拿破仑三世。这一决定引起了大麻烦,因为拿破仑三世判定埃及政
府应当向苏伊士运河公司就其法律上并未拥有的土地支付赔偿金。并
且,这些土地的价格是以某一未来的价格来估算的,仲裁的时候这片土
地还是沙漠,但是价格估算是按照这片土地被灌溉、转变成可耕地以后
的行情。此外,埃及政府还得挖一条沟渠,将水从尼罗河引到运河边的
新城市。这条淡水河渠要浇灌沙漠,将之变成可耕地,河渠里的水由运
81 河公司卖给埃及政府。这样蛮横无理的仲裁决定使运河公司获得了他
们完成运河工程恰好需要的资金。

伊斯梅尔对埃及的未来有着不切实际的庞大计划。他想要获得拿破仑的青睐,所以没有对这一仲裁决定提出抗议。他的各种项目很快逼得他不得不向欧洲银行借贷更多资金。他扩大了灌溉水渠,使更多

的土地受到常年灌溉而一年可以收获两到三轮。其中一种作物是棉花,有一段时间埃及从美国内战导致的棉花繁荣中获得很多利润。不幸的是,这一繁荣在战争结束以后迅速刹车,棉花价格暴跌,打击了大量已经计划要高价出售棉花的法拉欣。第二年的一场牛瘟杀死了全国所有的牲口,不得不从国外进口新的牲畜。一系列的工程接二连三:深挖拓宽港口,建灯塔,铺路,修桥。国家拥有了道路和铁路基础设施,加快了作为国家基本财富的原材料的出口速度。

1869 年苏伊士运河以最盛大而隆重的场面剪彩通航。欧洲的各位君主,还有欧仁妮皇后、普鲁士王储和诸位贵族受邀参加典礼。伊斯梅尔把自己想象成这一皇室精英俱乐部的一员,付出个人及国家很大努力来展示他们有能力摆出奢华的场面。为这次活动,城市安装上了街灯照明,在塞得港和伊斯梅利亚(Ismailiyya)这两座新城里建造了新的宫殿。一座歌剧院为开罗增添了光彩,威尔第(Verdi)应他之请创作了一部由著名古埃及学家奥古斯特·马里埃特(Auguste Mariette)所写的以古埃及为主题的歌剧。不幸的是,服装没有及时制作完成,在开幕当晚上演的是《弄臣》(*Rigoletto*),而不是《阿依达》(*Aida*)。

伊斯梅尔想要通过贿赂官员让奥斯曼人宣布埃及独立,但没有成功。但他还是让他们承认了他作为赫迪夫(Khedive)的地位,这个波斯
词意为统治者,他的祖父非正式地用过这个头衔。这一新的头衔目的 82
在于区分他和其他没有同样自治权力的奥斯曼行省总督的不同地位。当时的苏丹是伊斯梅尔的嫡亲表兄弟(他们的母亲是亲姐妹),他允许伊斯梅尔改继承法为长子继承制,以换取埃及对“朴特”(the Porte,奥斯曼帝国政府)的贡税加倍。伊斯梅尔实行的所有改革,尽管耗费巨大,目标都在于建设国家的生产力,但它们也花费了大量本国无法供应的资金。没有基础设施,出口农业的合理化管理不可能成功,因为新的铁路线纵横覆盖三角洲地区,将棉花运往港口或从上埃及地区运来粮食。埃及的外债超出了其承受范围,伊斯梅尔很快发现自己甚至已无力支付贷款利息,每次新的借贷协议协商时贷款利息就会增加。为了找到解决财政困窘的方法,1866 年伊斯梅尔召集了第一届议会。该议

会在设置之时是一个纯粹的顾问机构,每年至少召开两次。显然这一机构被设计用于帮助统治者从百姓那里收取更多的税款,而不是以任何形式给他提供咨询。议会代表都是与本国的农业繁荣利害相关的地主,尽管这一届议会没有实权,接下来的议会不久就拥有了自己的政治生命。

绝望之中,伊斯梅尔转向欧洲势力求助以摆脱财政泥淖,这么做让他跨出了致命的一步,允许欧洲势力从此以后能积极地干涉埃及内部事务。1876 年一个被称作公债委员会(the Caisse de la Dette Publique)的机构建立。该委员会由四名成员组成,分别代表主要的债务国,英国、法国、奥地利和意大利。两名监管者,一个英国人和一个法国人,被任命监管国家财政收入和支出,因此这一系统被称为双重监管(Dual Control)。监管者由赫迪夫任命,也可以被他解职。

83 这些措施效果不佳,欧洲势力催促伊斯梅尔把政府控制权交给一个拥有两个欧洲成员的部门,由一个英国人和一个法国人控制收入和支出。这些欧洲的部长们试图削减财政经费,因而解雇军官。这些军官发动兵变,粗暴地对待这两个外国部长。这给了伊斯梅尔解散这一内阁的理由,伊斯梅尔很有可能鼓动了整个事件以显示只有他能够控制这个国家。至此,欧洲势力开始担心他们那些在埃及外债中持有份额的债券持有者将拿不到贷款利息,担心埃及会违约。

到 1879 年,监管者们发现已经没有钱来支付贷款利息,便建议埃及采取相当于宣布破产的措施。伊斯梅尔拒绝了这一建议,在议会的帮助下提出自己的替代方案,但是监管者们拒绝了这一方案并辞职。英国监管人伊夫林·巴林爵士(Evelyn Baring),来自一个拥有相当大份额埃及外债的银行家家族,他向英国政府施压,于 1879 年废黜了伊斯梅尔。有趣的是,数年之后,当巴林成为英国驻埃及总领事和代表(该国的无冕之王)以后,他用来使埃及拥有偿付能力的办法就是被他拒绝、认为不现实的伊斯梅尔当年的提议。

伊斯梅尔是一个强势、专制的统治者,他被废黜一事并未在臣民中引起波动,百姓责怪他造成了他们的经济困难,痛恨他的独裁。他的儿子陶菲克(Tawfiq,1879—1892)继位,他既无其父的性格也无其才干,完全落入欧洲领事们的掌握中。1880年他与欧洲列强签署了《清算法》(Law of Liquidation)。根据这一协议,埃及的财政收入被高估为900万英镑,分为两个不等的部分,大头分配给公债委员会(the Caisse de la Dette Publique)来支付给债券所有人,小头则用来抵消行政支出。政府获得的这部分钱中,还要拿出支付给"朴特"的贡赋,以及填补 84
委员会可能产生的赤字。这一法律成了对埃及的钳制,从此以后没有欧洲的允许,埃及无法采取任何行动。

伊斯梅尔缺钱的时候被劝说卖掉他在苏伊士运河公司的股份,还最终被要求卖掉了他的优先股,即留给埃及的唯一来自运河的收入来源。这一举动从经济角度来看毫无道理,但在政治上有很大意义,因为那些建议他卖掉股份的人,确保这些股份会由英国政府通过向罗斯柴尔德银行贷款400万英镑后购得。这些就是迪斯雷利(Disraeli)所说的那些给予英国运河控制权的著名股份,虽然这些股份并没起到任何这方面的作用,但它们就像是长堤上的蚁穴,因为英国进而协商获得运河公司两名董事的名额。

比失去苏伊士运河股份更糟糕的是,由于外国人优待条例,外国人日渐获得更多的权力。外国人优待条例是奥斯曼苏丹从16世纪开始给予欧洲列强的治外法权,以及在奥斯曼领土内从事贸易的权力。这些特惠允许欧洲人在奥斯曼帝国派驻领事,审判居住在帝国内、违反了欧洲本国法律的欧洲国民。(根据奥斯曼习俗,奥斯曼穆斯林法律仅适用于穆斯林;宗教少数群体由他们自己的教会审裁。)随着奥斯曼帝国日渐衰弱,无法抵御欧洲的军事和经济侵略,欧洲人开始滥用外国人优待条例,来避免纳税和法律制裁。通过和领事们串通,在帝国居住的欧洲人可以犯任何罪而不受惩罚。他们所受的惩罚就是被船运出去,但他们可以直接坐下一班船回来,而当地官府无可奈何。走私因此猖獗。尽管外国居民控制了绝大部分财富来源,但他们不交税,纳税的负担因此落到了倒霉的法拉欣头上。放债人的生意蒸蒸日上,他们放给法拉欣高利贷,利率高达一个月20%,法拉欣付不起贷款利息的时 85

候，他的土地就被抢走。连同国家负债一起，法拉欣负债是另一样发生在这个国家的祸患。

在伊斯梅尔统治的最后几年，许多富裕的地主一直在推动建立一个立宪制政府，以保护他们不被统治者的专断所祸，保证他们在政府中拥有话语权。陶菲克的上台鼓励这些帕夏们相信一种新形式的政治可能即将到来。这些富裕地主中的许多人，拥有奥斯曼/埃及的帕夏头衔，也是共济会的成员，包括陶菲克和一位非凡的活动家赛义德·哲马鲁丁·阿富汗尼(Sayyid Jamal al-Din al-Afghani)。阿富汗尼周游中东，唤起人们的政治活动热情，宣扬宗教改革和自由派政治观点。在埃及，他鼓励立宪运动的兴起，推动年轻一代的知识分子发行报纸，宣传自由思想。因此，当陶菲克掌权并请立宪派支持者谢里夫(Sharif)帕夏起草宪法并任命其为首相时，这些人都以为他们的政治理念会占上风。受英国领事的影响，陶菲克很快改变主意，在夜间秘密逮捕阿富汗尼，并把他驱逐出境(他身上还穿着睡衣)，解雇了他的新首相，任命一个老派的首相里亚兹(Riaz) 帕夏取而代之。

从此以后，我们看到反对派逐渐形成。其中三个反对派最终联合发动了一场民族主义起义。部分反对派团体由自由派帕夏们组成，他们想要一部宪法来捍卫他们的既得利益和私有财产，并允许他们同拥有田产的资产阶级一起在政府中占有一席之地。这些帕夏自身都是专制的人，对他们的佃农专断横行，但他们想要限制君主的独裁专制，所以尽管他们的自由主义有局限性，他们也还被称为自由派。第二个反
86 对派团体是年轻的知识分子，他们想要有宪法作为广泛地限制独裁的手段，包括对君主、政府当局或是富裕地主。他们极少或并不从中谋取个人利益，不过他们中的许多人来自法拉欣阶层，为压在他们头顶上的那些人的暴政而愤恨不平。第三股势力来自军队，他们则出于完全不同的动机。

陆军里只有四名本地埃及人上校，其余都是突厥—切尔克斯人。埃及人已经从普通士兵晋升，在赛义德统治时期达到了上校的层级。陶菲克的战争大臣，一个老派的切尔克斯人，想要把在军队服役的年限

控制到七年之内,这样没有哪个埃及人能从普通士兵升到军官的位置,军官团就能严格限制在从军事院校毕业的突厥—切尔克斯人的范围内。埃及上校们对这一规定感到不满,决定和政府摊牌。但大臣并不听取他们的申诉,而是逮捕了这一行动的首领,一位名叫艾哈迈德·奥拉比(Ahmad Urabi)的上校。奥拉比的部队怀疑此事其中或有陷阱,便将他释放。这次事件把埃及的上校们,尤其是奥拉比,推到了埃及政治舞台的前台,成为反政府运动的潜在领袖。逐渐地,一场以"埃及人的埃及"为口号的运动在该国兴起,表达了民众对于欧洲人对埃及日益加深的控制的憎恶。他们把失去对国家的控制归咎于政府和软骨头的统治者。反对派聚集在奥拉比和他的同伴周围,在宫殿前再一次要求与赫迪夫摊牌。以"人民的名义"发声,在下属部队的簇拥下,上校们要求制定宪法、改变政府形式,以及扩大军队规模至 1849 年《伦敦条约》规定的 18 000 人。

赫迪夫试图让奥斯曼人或英国人派兵镇压兵变,但在埃及人面前他假装同意他们的请求。谢里夫帕夏再次被任命为首相,并召集立宪会议。1881 年 1 月,法国和英国发出了一个《联合通知》,声明对于两 87
国而言赫迪夫是唯一能在埃及保证良好秩序和繁荣发展之人。从那以后赫迪夫以为他不再需要和新政府合作,并密谋反对政府。其余埃及人都把这一《通知》看作是欧洲列强将要入侵的威胁,于是决定和军队同呼吸共进退,认为军队是唯一能保护他们免遭侵略的工具。接下来的几个月,赫迪夫和他的臣民之间最后的对抗之势已然形成。谣言四起,说赫迪夫要被奥拉比派(Urabists)废黜,还说穆罕默德·阿里最小的儿子哈利姆会成为新的赫迪夫。领事们为谣言推波助澜,声称该国已经陷入无政府状态,而事实上国家仍在军队的控制中。包括英国领事、监管者等在内的英国驻埃及相关人士,都诱使英国内阁相信奥拉比派是想要接管政府的危险的革命分子,必须通过军事手段来摧毁他们。

英国和法国政府再次决定采取行动,派遣一支联合舰队开往亚历山大港城西,赫迪夫的夏季行宫的所在地。舰队的存在让百姓们紧张不安,住在城里的外国人开始准备武器,为当地人起来反抗、屠杀他们的那一天作准备。最终发生了一次事件,一个醉酒的希腊人用刀捅了一个问他要车钱的阿拉伯赶驴人。欧洲人以为屠杀已经开始,就从窗户里向外面的行人开枪。歇斯底里的狂乱肆虐全城。已经被任命为战争大臣、负责管理公共安全的奥拉比当时正在开罗,直到下午才得到关于这些事件的消息。他立刻启程前往亚历山大,镇压骚乱。到此时,已经有大量埃及人和外国人被杀,城市遭到抢掠,有些地方被付之一炬。与联合舰队保持秘密联络的赫迪夫建议舰队轰炸城市,并让海军陆战
88 队员登陆,从革命派手里拯救他的王位。法国人拒绝轰炸并撤军,而英国海军上将博尚·西摩(Beauchamp Seymour)爵士采纳了赫迪夫的建议,虚假指控埃及人在城市东面、港口的另一边加固要塞,以此为理由轰炸了亚历山大城。赫迪夫主持大臣会议,要求他的军队抵抗英国人直到全军覆没。然而轰炸一开始,赫迪夫立刻宣布奥拉比是叛逆分子,剥夺他的一切职责,并去英国军舰寻求避难。奥拉比则宣布赫迪夫是卖国贼,召集军队抵抗英军入侵。

英军在亚历山大港登陆,另一支部队则继续沿苏伊士运河往南,在伊斯梅利亚登陆,以钳形攻势缠住埃及军队。双方战斗以埃及人在泰尔卡比尔(Tal al-Kabir)的失败而告终。这一整个卑鄙的事件中出了几个滑稽的故事,其中之一是埃及人从远处看到英军的帐篷,发现了看起来穿着短裙的人。他们以为是英军带着他们的女人,便决定在夜晚绑架她们来破坏英军的士气。穿裙子的人实际上是穿苏格兰短裙的戈登高地兵团(the Gordon Highlanders)。当埃及人夜间试图绑架他们的时候,他们遭遇到了激烈抵抗。他们回到自己的营帐,还惊异着连女人都这么凶猛,男人战斗起来会是何等激烈。艾哈迈德·奥拉比在战斗结束以前就离开了战场,乘坐火车返回开罗,向英军司令投降。

赫迪夫邀请英军占领自己的国家是为了恢复他的权威;他原本期望这一行动迅速高效,结束之后英军就会撤离。但是英国对埃及的占领一直持续到1954年。

奥拉比和他的同伴以兵变的罪名被起诉并被判以死刑,后来死刑被改判成在流放地塞舌尔(Seychelles)终身监禁。同时达费林勋爵

(Lord Dufferin)被派到埃及，为英国政府调查他们应该如何对待一个 89
在他们认为是一个简短的“拯救和撤离”任务中占领的国家。达费林交出了一份了不起的诡辩性的报告，报告呼吁建立一个没有实权的傀儡议会，以及由英国监管被认为对该国福祉有利的改革，并且确保公债持有者能继续获得利息。英国在埃及的主要利益，除了公债持有人以外，还有苏伊士运河，当时已经成为通向英国人在印度的财产的生命线。

伊夫林·巴林爵士(Sir Evelyn Baring)回到埃及，作为英国女王的总领事和代表。他赞同达费林的报告，但坚持认为进行改革需要对埃及长期占领，因为在他看来，埃及行政当局的无能无可救药。当埃及人在很久以后学会管理他们自己时，英国军队也许会适时撤离埃及。巴林来到埃及是在结束了在印度的任职之后，在那儿作为总督的助理，他被称为副总督，并以“强横”(Over-Baring)闻名。在埃及他建立了一个被称作《格兰维尔信条》(Granville Doctrine)的原则，该原则以当时英国外交大臣的姓氏命名。这一原则规定，任何拒绝听从巴林或其他英国雇员命令的埃及部长都必须辞职。英国顾问们被安插在关键的部门，一个后来被称作“戴面纱的保护国”(the Veiled Protectorate)的体系建立起来。“戴面纱的保护国”指的是，在埃及的英国人是实际的统治者，但他们不对任何人负责，只对英国政府负责。他们躲在埃及部长们身后进行统治，这些部长几乎没有权力，只是为他们的英国操控者的决定盖盖图章而已。

赫迪夫完全默许了这一体系，因为他十分懦弱胆小，事事都听从巴林。整个国家都被外国占领所恫吓屈服，埃及军队被彻底解散，人们只能听凭英军摆布。民族起义的失败令人震惊，革命领袖们和诸如谢赫穆罕默德·阿卜杜(Muhammad Abdu)的宗教知识分子被监禁和流
放，百姓们都屈服了。从前拥护宪政运动以期终止独裁的帕夏们，匆忙 90
去向赫迪夫和在埃及的英国人表忠心；由于担心失去他们的财产，遭到赫迪夫的报复，他们向巴林求助，巴林保护他们并要求他们配合。法拉欣和农村地主参加革命是希望能减轻或者勾销他们的债务，他们很快发现他们要背负上额外的负担，来补偿亚历山大港事件的损失，以及对

他们国家占领的费用。

巴林在埃及的第一要务是确保埃及的财政状况能恢复到有偿付能力,这样就没有外国势力能找到借口,通过在公债委员会的席位来干涉埃及事务。归根到底,他试图将法国人排除在外。这一宗旨和英国对埃及的单独占领一起,刺激法国人采取针锋相对的政策,反对任何英国人的项目,在公债委员会给英国人的行动设障碍。公债委员会继续对埃及财政施加影响,直到债务完全还清。

在接下来的十年,民族主义运动没有任何活力,因为许多埃及人相信英国人承诺的"拯救和撤离",等待民主机构的建成。当然没有任何民主机构,因为巴林相信"隶属种族"完全没有能力自治,实际上他们并不真的想要或需要自治,他们实际上需要的是"饱肚"政策,能够喂饱百姓,让他们安静,让精英赚钱并和占领势力合作。在陶菲克的统治下,巴林为所欲为,是埃及的无冕之王。他使埃及财政恢复到具备清偿能力,帮助在每一个部门建立英国控制权。英国占领军的存在保证了不会发生起义。

91 被穆罕默德·阿里征服的苏丹在埃及卷入革命的同时,自身也经历了一场革命。苏丹的起义是一场千禧年主义运动(chiliastic movement),由一个自称为马赫迪(the Mahdi)的人领导,这个名字的意思是"被准确指引的人"。在穆斯林中流行的末世论里,马赫迪会在一个穆斯林世纪的末期出现,预示世界末日的来临和最后的审判。埃及人由于自身深陷困境,无力对马赫迪作出任何应对,到 1882—1883 年他们准备好采取行动时,在苏丹的常规军已经被解散。一个成分混杂的军队终于在一位英国前驻印度军官希克斯(Hicks)帕夏的率领下集结起来被派往苏丹,但是在谢伊坎战役(the battle of Shaikan)[①]中被屠戮。巴林禁止任何进一步的冒险行动,认为苏丹在花费上是一个无底洞,他不会批准资金用于再次征服苏丹。在苏丹问题上对巴林的反对,推动了《格兰维尔信条》的实施;埃及首相被迫辞职,听任苏丹自行其是。1884 年,一

① 或被称为奥贝德战役,the battle of El Obeid。

位古怪的英国人,曾在伊斯梅尔治下在苏丹任职的戈登将军(General Gordon),被派去撤离被围困的埃及部队。戈登决定重新征服苏丹,而不是撤退,他于 1885 年在喀土穆被马赫迪的军队所杀。巴林相信马赫迪也就是在为他们“暖床”(keep the bed warm)而已,无论何时他觉得做好了准备,就一定能重新征服苏丹。对苏丹的重新征服最终在基钦纳将军(General Kitchener)的率领下于 1898 年实现,根据埃及和英国签署的共管协议建立了一个联合政府。联合政府只是名义上的,真正的治理由英国官员负责,但他们的薪酬由埃及政府支付。

赫迪夫陶菲克于 1892 年去世,由他曾在维也纳特蕾西亚寄宿学校(Theresianum)就读的十六岁的儿子阿拔斯·希尔米(Abbas Hilmi, 1892—1914)继位。阿拔斯二世相信他完全有能力统治并驾驭一切,不需要一个英国导师凌驾其上。此时巴林已经被擢升为克罗默勋爵(Lord Cromer),尽管他获得了在其他地方担任大使的机会,他更愿意留在埃及,在这里他拥有至高无上的影响力。当新任赫迪夫试图表明
他不受克罗默控制时,他被威胁如果不服从命令就会被废黜;对被废黜 92
的担忧使得这位赫迪夫资助并鼓励年轻的民族主义者开展反对英国控制埃及的运动。

至此埃及人已经从被外国占领的创伤中恢复过来,也已经认识到英国人立即撤离的许诺是空洞的。一个旨在使埃及摆脱英国控制的运动,由年轻的民族主义者发起,他们的领导者是一个叫作穆斯塔法·卡米勒(Mustafa Kamil)的 18 岁学生,一个天才演说家;他很快就成为著名的爱国者。民族主义者和赫迪夫认为,英国人没有法律上的权力留在埃及,因为他们是应已经去世的赫迪夫的邀请而来,可以由现任赫迪夫命令撤离本国,尤其是该命令还受到其他欧洲各国的支持。赫迪夫资助卡米勒前往法国,表面上是为了获得法律学位,但实际是为了进行新闻宣传,使欧洲舆论转过来反对英国占领埃及。这一宣传运动并没有动摇列强,也没有动摇克罗默。卡米勒于是返回埃及,为迫使英国撤离而开展的民族主义运动寻求支持。

至此时,英国政府已经作出上百次要撤出埃及的承诺,但是却越发

牢固地确保自己在埃及的地位。克罗默努力向世界证明并不存在一个埃及民族。尽管埃及有 900 万当地人口,以及不足 100 万却拥有该国相当多财产的外国人,但在他看来,埃及人不能算数。另一方面,卡米勒则努力想展示埃及人确实形成了一个民族,它要求从外国托管中独立,要求建立一个为了埃及人的利益、由埃及人治理的立宪政府。克罗默并没在意民族主义者的活动,因为他觉得他们只不过是些无足轻重的年轻人,允许他们发泄下情绪。他相信英国军队的存在是英国占领埃及的终极保障。他也发现很多埃及人中的精英人士愿意妥协于英国在埃及的现状,继续维持"戴面纱的保护国"状态。

93 埃及民族主义者不久就让克罗默感到芒刺在背,成为埃及政治生活中激烈响亮的元素。卡米勒在学生中有狂热的追随者,他们热情地遵照他的指示进行罢工和游行,来抗议各种不受欢迎的举措。从此,罢工和大规模游行成为埃及国家生活的一个恒常的特征。

在 19—20 世纪之交,克罗默已经使埃及具有了偿付能力,虽然这是以埃及的工业为代价。他也已经把农业转变为种植单一作物——棉花,来供应兰开夏郡(Lancashire)的工厂。烟草种植被禁止,对进口烟草征收的消费税帮助平衡预算。建立本地工业的尝试受到克罗默的阻挠,他给本地产品上的税和对进口商品的税额一样,使本地产品没有了竞争力。使用埃及棉的纺织业本应该繁荣,但为了让棉花出口而受到刻意打压。埃及仅被当成面向英国的原材料供应者。出于这一原因,农业和灌溉工程在政府计划中获得了压倒性的重要地位。1902 年,在阿斯旺建起一座水坝,用于贮水及增加可耕地面积。水坝导致了地下水上升的问题,由于缺乏排水系统而导致根茎浸泡在水里,以及土地的盐碱化。直到排水系统建成以前,庄稼被毁,埃及法拉欣和地主一起遭受了巨大的苦难。足够讽刺的是,新的高坝(High Dam)今天面临同样的问题,使埃及农业遭受着同样的困扰。

整个克罗默时期,出现了一个新现象——即农村地区的强盗行为。法拉欣发现他们自己的传统生活方式被一种新的、不同的方式所取代,几乎全部庄稼的种植都是为了出口,因而减少了那些用于消费的作物;

新通过的法律,要么他们理解不了,要么他们都没听说过;新的经济作物经济要求资本支出,而他们没有资本,只能陷入债务并失去自己的土 94
地。其中一些人无家可归,便开始当盗匪,作出暴力的举动,来抗议政府对他们生活的蚕食——用霍布斯鲍姆(Hobsbawm)的话来说,他们成了“原始的叛乱者”(primitive rebels)。过去埃及吹得神乎其神的行路安全,现在被暴力和不安全感而取代,克罗默和他的行政部门不能理解这一现象。

1906 年在丹沙微(Dinshwai)发生的事件导致更多的动荡不安浮出水面。丹沙微是三角洲地区的一个小村庄,一些英国军官在那儿射鸽子。靠卖自己培育的鸽子维持生计的农民们感到惊恐不安。第二年军官们又去射鸽子,但这一次法拉欣已经作好了准备;他们攻击了这些军官,用棍棒揍他们,解除他们的武装。其中一个军官成功逃走,顶着 8 月正午炽热的烈日,跑回营帐求援。他在营帐之外死于由脑震荡恶化而引起的中暑。村民们被逮捕,并以“对占领军军官和士兵实施暴力罪”受到起诉。

一个特别的军事法庭成立,在 30 分钟内审判了 52 名被告。4 人由于一名英国军官中暑死亡而被判绞刑,2 人被判处终身劳役;6 人被判七年监禁,其余人等被判不同数量的鞭刑。整个村庄,无论男女老少,都被迫从屋内出来观看执行死刑和鞭刑。审判的严酷程度在英国下议院引起抗议,只能用英国人被吓破了胆来解释。对于埃及民族主义者而言,这次事件是最后一根稻草。它激起了一种深藏、持久的情绪,对占领的控诉。民间诗人创作了关于丹沙微的诗歌,在所有的村庄传唱,在法拉欣中激发起仇恨。

一个自由派政府在英国逐渐掌握权力,克罗默意识到自己已无法再在埃及拥有和过去一样的完全自行处理的权力,于 1907 年辞职。此时,民族主义运动已经完全建立起来并独立于统治者的控制,要求在行 95
政事务中拥有更大的自主权。一个拥有更多权力的国民议会被选举产生,反对英国占领的派别现在找到了渠道,以更有组织性的形式来公开表达他们的观点。

战争打断了政治上的争论不休。出于对赫迪夫的亲奥斯曼倾向的担忧,英国政府在他去帝都的旅途上将他废黜,并把苏丹的头衔授予他的叔叔,以显示埃及和土耳其之间的差别,因为当时土耳其正作为德国的盟友参战。经过当时埃及政府的同意,英国行政当局宣布埃及为英国的受保护国,宣布实行军事管制,并许诺一旦战争结束,会重新考虑埃及的地位。

在整个战争期间,法拉欣和赚取固定工资的埃及人,例如政府雇员,都遭受了通货膨胀的打击。更糟糕的是,农民还被迫陷入类似服劳役的境地(几十年前就已经被废止),去巴勒斯坦为英军挖壕沟。牛马等役畜也被军队征用,法拉欣就没了牲畜来拉犁或牵动水车。无论法拉欣对英国在埃及的存在抱有何种善意,都随着食物价格的上涨烟消云散,食物由于被军队征用而变得稀缺,在一些地区产生了饥荒的威胁。发战争财的行为毫无疑问使事态雪上加霜。虽然英军辩解说他们已经为所有获得的东西支付了公道的价格,法拉欣却没拿到什么钱,觉得他们回到了三个 C 的旧年月——即"*curbaj*"(鞭子),劳役(corvée)和腐败(corruption)——正是克罗默自豪地宣称已经消除的东西。

在战争期间,埃及政治家们思索着战后埃及的未来。战争期间协约国的各种声明点燃了独立可能即将到来的希望,特别是当威尔逊总
96 统公布他的《十四点和平原则》时。自决成为人人口中常用的词语,一群政治家们聚到一起对即将作为一个独立国家,或者至少作为一个有少许地方自治权力的埃及的未来加以筹划。这群人组成了一个代表团,在阿拉伯语中称为华夫脱(*wafd*),他们于 1918 年 11 月与英国驻埃及高级专员雷吉纳德·温盖特(Reginald Wingate)爵士会面,要求允许他们去参加巴黎和会以介绍埃及的情况。在此次会议中,其中一位代表告诉温盖特,他们想寻求完全独立,这是他们的目标。伦敦的英国政府断然拒绝了华夫脱的请求,于是骚乱在埃及爆发,民族主义者、当时的政府和苏丹都鼓励了这一行动。此时的苏丹是福阿德(Fuad)王子,被废黜的赫迪夫伊斯梅尔的最年幼的儿子。民族主义骚乱的目的是要推动对埃及拥有在巴黎为其国情辩护的权利的认可,并

选出埃及自己的代表。萨阿德·扎格卢勒(Saad Zaghlul)——克罗默的朋友和前任内阁部长(由克罗默任命),同时也是选举出来的国民议会的副议长,当选为华夫脱的领袖。

整个1919年埃及充斥着骚乱不安。扎格卢勒被逮捕并流放到马耳他,这一事件引燃了全国各地支持这位民族领袖的暴乱。一些农村地区用革命作为借口脱离中央政府,通过创建他们自己的农村共和国来重建村庄统一体。出于不同的原因,暴力盛行,直到英国政府最终释放囚犯并允许他们前往巴黎。

对埃及人而言不幸的是,英国内阁并没有与他们分享关于埃及未来的计划,他们给民族主义者提出的妥协条件被埃及人拒绝,埃及人再次走上街头以暴力抵抗。扎格卢勒再次被流放,恐怖活动也在继续,直到一位新的英国高级专员,西方战场的英雄,艾伦比勋爵(Lord Allenby),推动英国政府同意作出一些让步。1922年,对埃及的保护 97
被废止,军事管制被取消,埃及宣布独立。这一独立受到很多限制,几近摆设。然而一个宪法制订委员会被赋予起草宪法的任务,民族主义者也从流放地被释放。自由主义试验很快就要在埃及展开。这一试验本应该给埃及带来一个立宪政府,建立代表制度和各政党,实行言论自由,赋予反对的权利——即一个现代的、民主的、为了大多数人而非为了少数精英利益的代议制政府所拥有的全部外在特征。现实却背离梦想太远。在下一章里我们会看到,一部分人试图建立一个自由派政府,而另一些人则试图反对这样的政府。

# 第五章　自由主义试验（1922—1952）

98 当英国政府于 1922 年签署了单方面宣布埃及独立的宣言时，他们保留了四项条款，以待将来协商。这些条款是：保护埃及免受外国入侵或干涉；英帝国的交通安全（即苏伊士运河）；保护外国人和少数族群的利益；苏丹及其地位。

看守内阁组织了大选，同时由最好的法律界人士组成的宪法制订委员会开始起草最终宪法。萨阿德·扎格卢勒及其同伴从位于塞舌尔的流放地被释放，回国参加竞选。他们的反对派，曾经也是华夫脱代表团——现在成了一个政党——的成员，不赞成扎格卢勒的独裁风格，成立了他们自己的党派——自由立宪派（the Liberal Constitutionalists, al-Ahrar al-Dusturiyyun）。

宪法制订委员会一开始就碰到了困难，因为福阿德国王，一个独裁者，并不想要一部会限制他权威，甚或具有强大执行力的宪法。宪法制订委员会的成员持有相反观点。最终成型的文件是理想与现实妥协的产物；它是一部有缺陷的宪法，但是国王拒绝签署任何其他草案，并获得了英国政府的支持。这一宪法同时赋予国王和两院制议会立法权。国王有权选择、任命内阁首相，能解散内阁，推迟和中止议会。他任命了参议院议长以及五分之二的议员。国王因此被赋予了太多的权力，

他利用这一权力来干扰议会的运转；并没有一届议会因为不信任投票
而解散，但同样也没有一届议会一直维持到任期结束。议会不可避免 99
地被国王解散，国王更喜欢通过没有民众基础、不代表任何政党的个人进行统治，而不是通过民众选举出来的政党。统治常常是以敕令而非议会法案来进行。

唯一具有草根背景的政党是由扎格卢勒领导的华夫脱党，他拥有强烈的领袖魅力，能让他的听众们相信他们自己就是扎格卢勒(Zaghlul)——普通民众的缩影。扎格卢勒其实是一个傲慢的人，蔑视几乎他所有的同事，但他有法拉欣背景，所以能用法拉欣的语言来演讲，获得法拉欣的认同，和其余的政治家不一样，极少有人有他那样的天赋。比如，自由立宪党的成员认同既得利益集团，不认为平易近人有何必要。正因为此，他们从未获得过大众的青睐，一直只是个与有钱人有关联的少数派党。华夫脱党也是富裕地主的政党，两党在政治纲领上的差别微不足道，因为它们其实就是围绕在不同个人身边的团体而已，有各自不同的竞选风格，但却有着相同的目标。

大选于 1924 年 1 月进行，其结果在意料之中，华夫脱党以 151 席①取得压倒性胜利，自由派获得 7 席。扎格卢勒成为首相，他是第一个坐上这个位置的埃及法拉欣。通过此举，他已经取代了旧突厥—切尔克斯精英，代之以一个新的埃及本土精英阶层，这一阶层从此成为该国的主要统治群体。扎格卢勒——他被称为“the king of hearts”(民心之王)，与坐在阿卜丁(Abdin)王宫里真正的国王，以及坐在杜巴拉宫(Qasr al-Doubara)里的无冕之王、英国高级专员截然不同——不得不在三足鼎立的背景下小心行事。扎格卢勒背后倚靠的是大多数人的力量，这体现在追随他的民众身上，无论何时他振臂一呼，这些人都会跟从他的意愿喊着口号行进至王宫，向国王证明扎格卢勒是他们的代
言人，而不是某个不怎么会讲阿拉伯语的突厥裔国王。当福阿德首次 100
抵达埃及时，由于他同被流放的父亲赫迪夫伊斯梅尔一起在国外长大，

① 彭树智主编《中东国家通史埃及卷》一书中说是 195 席，见第 255 页。

几乎不会说阿拉伯语；当他学会以后，他总是带着外国口音，使用翻译成阿拉伯语的外国习惯表达，常常听起来很奇怪。

福阿德和扎格卢勒之间私人的敌意影响了他们的关系，两人关系总是很紧张。但是如果我们把个人因素排除在他们的关系之外，我们会发现这两个人各自都在力争实现各自的治理原则。福阿德试图回避宪法，一有机会就要作为独裁者来统治；因此他相信自己不需要咨询他的首相或议会，他把这些人称为只适合被带领的羊群。扎格卢勒是在打真正的立宪战斗，他不得不使用提出辞职或更严重的威胁手段来迫使国王按照宪法的条款进行统治。他利用民众的力量来威胁国王，如果国王不恪守他的法律诠释，就会爆发暴力行动。有几次国王被迫迁就他的首相。

扎格卢勒相信他最重要的任务是磋商一个英埃条约，以解决四项保留条款，使埃及摆脱依然持续的英国对其政治生活的干涉。他并没有成功缔结一个条约，在进一步行动展开前，一场悲剧就发生了。

1919 年革命以后的数年间，这个国家沸腾着暴力和动荡。许多秘密组织从事恐怖主义活动，全都相信他们在为民族主义事业帮忙。其中一个组织由华夫脱党的一个准军事武装分支创建。除了扎格卢勒和这个准军事团体的成员以外，华夫脱党人都不知道这一组织的存在。该团体的首领怨恨扎格卢勒没有帮他获得议会中的席位，于是策划谋
101 杀了埃及军队的司令官（the Sirdar）[①]，一个叫作李·斯塔克（Lee Stack）爵士的英国人。斯塔克是高级专员艾伦比的亲密朋友，他的死被艾伦比归咎于扎格卢勒及其激昂的演讲，艾伦比相信是他的演讲煽动了暴力，决定给扎格卢勒一个教训。他给埃及政府发了一个最后通牒，要求撤离所有驻扎在苏丹的埃及部队（与刺杀无关的惩罚性条款），以及 50 万英镑的赔款。

扎格卢勒对刺杀十分震惊，认为这毁了他的事业，他签署了赔款支票，但拒绝了其他条款，认为那些是侮辱性的，并辞去首相一职。他的

① （旧埃及军队中的）英国总司令。

事业遭到了重大打击,因为他再也没有被英国政府允许出任首相,哪怕他还是多数党党魁。议会在持续共九个月以后被国王解散。

英国政府不赞成他们的代表的行动,很快就把他召回国,派乔治·劳合(George Lloyd)爵士取而代之。乔治·劳合爵士决心在埃及要“比克罗默还要克罗默”[1],要让埃及人服从命令。克罗默 20 年前的所作所为在这个理论上获得独立、拥有自己的宪法和议会的国家已经行不通。很快他和各顾问内阁都起了冲突。劳合是一个固执己见的右翼托利党帝国主义者,是炮舰外交的坚定推崇者,略有挑衅就会出动炮舰。他觉得埃及人不理智、情绪化,常常说春天的热风(闻风节,the *khamasin*)让他们情绪不稳,所以当他看到蓝花楹树(jacaranda)开花的时候,他就知道到了要出动炮舰的时候了。劳合将扎格卢勒排除在权力之外,在这一点上他也许错了,因为扎格卢勒可能是唯一一个能和英国人磋商一个条约并让他的人民认同的人,因为他主导了该国的政治生活,直到 20 世纪 50 年代没有其他政治家能做到像他那样。在他担任下议院议长时,当有人发言冗长唠叨,扎格卢勒管束住议员们靠的就是大喊“*uskut*”(安静),看在他的面子上议员们就能接受,换了其他 102
人,就会被大声打断。

扎格卢勒于 1927 年 70 岁时去世。他受到同胞们的崇敬,也受到国王和反对派的尊敬。他对政治生活的影响,尽管强烈,却并不总是向好的方向发展。他把恩惠体系(a system of patronage)引进政治生活,引入暴力和公共示威游行体系作为对抗反对派的武器。他的专断使他疏远了大多数聪明的头脑,并建立了一种个人形式的统治。他种下了很多公共弊病,直到今天还困扰着政治生活。在他有生之年,他凭借其政治的敏锐性和个人魅力,主导了政治舞台,但是他建立起来的体系存在缺陷,在不太正直的人——比如他的接班人穆斯塔法·纳哈斯(Mustafa al-Nahhas)——手里这些缺陷清晰地显现出来。他一生为国家服务,在国王想要强行采用更适合上一个世纪的独裁统治时,他致

---

[1] 根据前文,意为“要比克罗默还要强硬”。

力于维护议会程序和宪法,为了一个民主形式的政府不断战斗。他不得不同时与国王和英国代表开战,尽管情况对他不利,但他一直斗争到生命的最后。

接下来同英国谈判达成条约的尝试几乎没有进展。1926 年,在扎格卢勒去世之前,一个华夫脱—自由派联盟已经接近达成一个条约,但是扎格卢勒在条约正式签署前去世,他的后继者们想要把谈成条约的光环戴在自己头上,就废弃了这一条约。这种“犬占马槽”尸位素餐的态度成为政治内斗的特征,私人之间的敌意和嫉妒变得比原则和国家的共同利益更重要。国王用首相一职来诱惑政治家;而华夫脱党的领袖纳哈斯是一个无能的议员,他让议会堕落成为阻挠党派活动的工具,他几乎控制不了他的下属,也太容易为同伴所左右。

这种三方政治角力必然导致两方联合起来对付第三方,这污染了
103 政治生活,将阴谋诡计的元素注入其中。迟早,要么国王要么执政党得去英国高级专员那里请他做裁定者,而非诉诸议会。这一自由主义试验掺有这么多杂质,几乎从一开始就注定失败。

1929 年,国王成功把一届华夫脱政府赶下台,当时纳哈斯被指控在他辩护的一个法律案件中有不正当行为。他是无辜的,但是国王利用此事作为借口,将政府赶下台,任命了一个自由派内阁。该内阁马上要求议会中止三年。福阿德把立宪政治描述为一场闹剧似乎是对的。正是那些本应该支持宪法的自由立宪党人,当他们发现自己在议会中处于少数派的地位时,要求中止议会。新政府由于其“铁拳”统治及其远离平民而不受欢迎。它的家长式作风激怒并疏远了公众。新内阁的组成恰逢一场席卷世界其他地区的经济危机,埃及开始了持续数年的萧条,直至 1933 年,这场经济危机导致占全体人口 82%的法拉欣遭受了极大的困苦。

克罗默把埃及农业变为了单一作物类型,1923 到 1926 年埃及的棉花生产迅速发展,但也使紧接的萧条更为严重。议会由地主支配,虽然小农场主和工业劳动者的人数很少,地主也不会为他们的利益发声。一半的土地被 22 016 名大地主拥有,也就是一半的土地由 2%的人口

控制,而61%的人口控制300 000费丹土地。当福阿德登基时,他拥有
的土地数量相当少,仅仅800费丹。到1952年他的儿子法鲁克
(Faruq)被迫退位时,王室田产已经由各种途径增长至100 000费丹。
富裕地主协力配合将埃及变为了单一作物经济,因为这给他们带来财
富,但也把他们和棉花的主要买家英国紧紧地绑在一起,地主们也无法
从中抽身,否则会面临破产。这一与英国的经济纽带自然地反映在两 104
国的政治关系中,解释了埃及政治家们不愿意过于逼迫英国政府的
原因。

一个富裕地主的想法和村庄“*umda*”(头领)是不同的,更不同于没有土地的法拉欣或佃农。议会拒绝批准成立法拉欣工会(labor unions),甚或单一产业工会(trade unions)[①];要将近20年以后,农业工人的最低工资标准才被实施。农村工人的工资取决于供求法则,到1929年,这些工资跌到了1920年以前的水平,到1933年更是跌至一战前的水平。当食品和衣物价格巨幅上涨时,货币工资下跌了50%。普通人把萧条归咎于自由立宪派,并编出了口号:“华夫脱党的地狱胜过自由派的天堂”。反政府示威游行爆发,遭到血腥镇压。在一次事件中,路人和示威者一起遭到警察袭击。国王借机表示他对内阁的不满,并使用胁迫的手段,暗示要解散内阁,来迫使内阁执行他的命令,因为毕竟是他,而不是人民的意志,使该内阁获得权力。

在本土的一片混乱中,首相决定首次尝试协商一个英埃条约,但是英国政府很清楚,同一个不是由议会批准的内阁磋商的条约毫无价值,所以首相回到埃及辞职下台。一个看守内阁组织了大选,再次把华夫脱党推上台,因为无论何时组织自由选举,华夫脱党总会赢得大多数。但是这一内阁仅持续了六个月,直到首相纳哈斯赌气辞职,他以为公众抗议会迫使国王恢复他的权力。但纳哈斯不是扎格卢勒,国王迫不及待摆脱他,并成立一个以伊斯梅尔·西德基帕夏(Ismail Pasha

---

① 在历史上,“labour union”用来表示覆盖所有劳动者的组织,而“trade union”是某一特定行业的劳动者的联盟。

105 Sidqi)[①]为首的内阁,该内阁带来了埃及历史上最高压的政府。西德基再次中止了议会,修订宪法来限制选举权,以此削弱对华夫脱党的支持,并采取严酷的统治。他的政府成为腐败和权力滥用的代名词。

新任英国高级专员珀西·洛兰(Percy Loraine)爵士,被委任代替劳合勋爵(Lord Lloyd,原乔治·劳合[George Lloyd]爵士),他乐意让西德基按他自己的意愿治理,不愿意哪怕抬抬手指去帮反对派赶走内阁。他所做的只不过是建议反对派联合起来。每日的示威游行塞满街道,伴着"打倒国王"的呼喊声,还有人企图刺杀西德基。华夫脱党被禁止巡游全国或在公众场合演讲,但他们频繁地触犯法律并试图鼓动百姓更强烈地反对政府。报纸遭到审查。逆境终于把各政党联合起来,但只要国王和高级专员还在支持内阁,他们就对推翻内阁无能为力。

埃及人相信英国在埃及的政策有三个决定因素。第一,英国人会一直支持国王,因为是他们把国王推上台,就决不会允许他被民众运动推翻。第二,无论英国官员在埃及采取什么样的行动,这些行动都是为了英国而非埃及的利益。最后,内阁只要得到英国人的支持就能当政,支持一旦失去,内阁就立刻垮台。因此埃及人坚信西德基的内阁是受到英国政府支持的。年轻的埃及人,特别是曾经在扎格卢勒时期成为政治生活的一个积极部分的学生,对他们的政治领袖不再抱有幻想。他们曾经以为宪法和议会是建立一个真正的民主体系的初步阶段,之后就会迅速达成一个英埃条约,解决与英国的问题,终止英国对埃及内政的干涉和英国在埃及的军事存在。这些愿望都没有成真,希望破灭
106 成了20世纪30年代的特征。对政治家的幻想破灭,加上影响到每一个人甚至是富裕地主的经济衰退,导致大量运动和社团兴起,挑战华夫脱党对大众的领导权。这些社团中最重要的是由一名出身低微的小学教师谢赫哈桑·班纳(Hasan al-Banna)创立的穆斯林兄弟会(the Society of Muslim Brethren)。

当一场严重的经济萧条加上对政治的幻想破灭压垮了百姓时,他

---

① 原文把名字的英文写反了,应该是 Ismail Sidqi Pasha。

们似乎就会转向自身内部从根源上去探究遭遇困境的原因。在这种情况下人们回到了伊斯兰主题,回到了宗教提供的慰藉,回到了一种对自己的文化不会被外国文化压倒,而是会存活并战胜异国意识形态的确信。哈桑·班纳宣扬宗教激进主义的复兴,他的教义很快散播到他最初开始传教的伊斯梅利亚城(Ismailiyya)以外。到 1930 年他搬到开罗时,这一社团已经积蓄了力量,特别是在城市地区草根大众中的支持度,壮大到能与华夫脱党匹敌。班纳给政党间无休止的关于权力的争吵带来了代替品。他告诉人们要互相帮助,为了一个更好的世界而奋斗,要回归他们的宗教,从宗教而不是从政党那儿寻找答案。新近城市化的群众,被经济衰退从农村驱赶来城里找工作,他们在城市里找不到什么慰藉。旧式的传统协会过去曾经以行会或苏菲兄弟会等形式保护城市工人,也已经随着现代化进程而消失,几乎没有留下什么能够替代他们的组织。也没有任何形式的产业工会或劳动联合会。公共救助和社会福利极少;新移民无依无靠,轻易地就遭到雇主剥削。穆斯林兄弟会提供了一个替代品;他们提供的社团接纳一个家庭的全部成员;他们的学校教授传统穆斯林学问而不是公立学校里新奇怪异的世俗化教育;他们还提供自助,给需要的人找工作。还有一个针对妇女的社团,教给她们宗教知识并尝试帮助她们克服在一个陌生的新环境里的疏 107
离。兄弟会的成员总是干净、整洁地穿着朴素的衣物,因为他们每一个人都觉得自己就是其信仰的鲜活体现。兄弟会的成员发现他们自己被一个运动裹挟着,被灌输并服从“最高指导者”(the Supreme Guide)哈桑·班纳的指示。没有留给人们提出任何异议的空间。一个正在经历变化、经受着衰退的痛苦挣扎的社会的全部挫折都被归咎于欧洲人的影响,欧洲人为了支配和剥削埃及人,把外国元素引进了埃及,使埃及人疏远他们传统的生活方式。对英国势力存在的拒绝,这一民族主义运动的核心,被等同于拒绝一切外国的事物,他们相信是英国人鼓动了这一切。

很快兄弟会变成一股需要正视的政治力量,因为他们的追随者迅速增多,不仅有构成会员主体的城市贫民,还有中产阶级,他们同样不再对政府及其经济政策抱有幻想,对政府没有能力把英国人赶出这片土地感到失望。

这段萧条和政治混乱的时期还滋生了其他团体。仿效墨索里尼组织的法西斯运动很快出现,其中就有要求其追随者们穿绿色衬衫的“Misr al-Fatat”(青年埃及)。这激起了华夫脱党方面的反应,后者也建立了一个年轻暴徒的组织,让他们穿上蓝色衬衫。一个小型的共产党尝试组织工人,也获得了有限的成功。但没有哪个团体有穆斯林兄弟会这样强的群众吸引力。他们用人们听得懂的语言宣传,他们向群众保证宗教会为大家找到出路,他们积极组织、帮助他们的成员找工作、开办生意。

西德基是一位金融奇才,但他并没有为经济做点什么,很可能因为
108 他倾向于照顾富有阶层的利益,他的才干并未用于帮助大众,他对他们意兴索然。1930 到 1933 年人均年收入跌至 8 英镑,而 1913 年的时候还是 12 英镑。对谷物和豆类的消费减少了几乎 50 万吨,而人口已经增加了 300 万。1930 年,由于棉花需求的增长导致种植小麦的土地减少,但西德基在此时甚至对进口小麦课以禁止性关税。城市工人阶级为此每年支付 500 万英镑的补贴给农业人口。30 年代是动乱和暴力的时期,在 40 年代饥荒骚乱将成为贫困和艰难岁月的顶点。

西德基以为英国对他采取的高压政策的默许是对他领导的政府的认可,在和曾激励过他的同僚们一样的自尊心的推动下,他也寻求签署一个英埃协定,可以让他脱颖而出,获得历史的褒奖和后世的赞扬。但是在谈判开始之前,他的政府就倒台了。关于西德基及其家人挪用公款和投机倒把的流言传得沸沸扬扬。关于政府在一起法律案件里使用严刑拷打的流言成为一个尽人皆知的丑闻。案子被上诉到翻案法院(the Cour de Cassation)①,院长要求进行公开调查。西德基和国王之间的关系日益紧张,国王准备把西德基当作牺牲品,认为他能任命自己的傀儡做首相,而不用费力去给西德基挽回一点信用。这些因素加在

① 即最高法院。

一起导致西德基辞职,华夫脱党重获权力。

西德基政府是1922年以来持续最久的靠国王敕令统治的政府,它建立了一个政府高压统治、反对派和人民用暴力抵抗的模式。暴力变为政治生活中根深蒂固的一部分。政治生活中引入了更多的不择手段,为了攫取和维持对政府控制的任何手段都被合理化。经过数年被排除在权力之外以后,华夫脱党决心决不再放走权力。君主和人民之 109
间产生敌意,因为人民明白是谁给予西德基权力并支持他坐在那个位子上。统治者和被统治者之间的隔阂加深。统治阶级开始把政府视为各政党之间斗争的奖品,人民则开始把党派看作只是既得利益集团和他们自己社会阶级的代表。

尽管许多埃及政治家是真切地试图实现国家独立的民族主义者,但他们同时也是地主,拒绝把法拉欣的福祉和他们自身的福祉放在一起考虑。他们是如此依赖于英国棉花市场,他们害怕如果不遵从英国人的命令就会破产;因此,民族主义运动并无多大力量。迟早,由英国官员领导的警察机构会主导局势,会有一个圆滑顺从的首相,一切会照常运作。一些埃及人最终会意识到真正的政治独立只会来自经济独立。地主们不可能成功谈成一个能给予埃及比名义上的独立更多权利的条约。但是一旦这个国家实现了工业化,它与占领势力的经济纽带会变弱,甚至消失,真正的独立才可能会实现。

塔勒阿特·哈乐卜(Talaat Harb)及其合伙人创立埃及银行(Bank Misr)及其隶属公司,使工业化获得了推动力。这一新银行的许多投资者是地主,因为他们是唯一有剩余资本的本国人。1930年的关税改革给予本国工业保护,以及一个打败外国竞争势力的机会。英国占领帮助外国公司在埃及立足,外国人优待条例给了他们额外的优势,因为他们不需要遵守当地的法律和税收。所以,在关税改革以前,本地工业注定了失败。

新兴工业精英对占有土地的资产阶级在政治上不构成挑战,因为他们往往来自相同的背景。地主们投资工业,新兴工业家们——其中 110
一些是专业技术人士——则试图以得到土地作为建立他们社会信用的

手段。这样的结果仅仅是抬高了土地价格、使更多法拉欣失去土地。简言之，地主阶级和新兴工业资产阶级融合、通婚，直至两者之间已无法区分。这一融合解释了为什么议会通过的针对工业工人和针对农业工人的劳动法一样稀少。建立本土工业这一原则是合情合理的，因为它能引向经济独立，但是本土工业和外国工业一样都剥削工人，毫不在意改善工人待遇。本地工业依然不能与外国工业匹敌，后者拥有该国工业财富总量的三分之二之多。

几个劳动组织被建立起来，有的是由某个政党支持，有的甚至是由王室家族里一位特立独行的成员——阿拔斯·哈利姆(Abbas Halim)所赞助。他发现惹怒他的堂兄国王的最佳方法就是领导一个工会，把自己塑造成穷苦劳动大众的首领。华夫脱党尝试组织一个工会，但基本上工会都是由中产阶级专业技术人士而非工人所组织和领导，所以它们的作用如何也还存疑。1932 年国际工会联合会(International Federation of Trade Unions)的巴特勒(H.B. Butler)由于工人骚乱，受邀来作一次实地调查活动。他的建议直到十多年后发生饥荒暴动之后才得到实施。1933 年一项儿童劳工法被通过，禁止了一些最恶劣的工业恶行，同时另一条法律限制妇女的工作时间为一天最多九个小时。1936 年的一项法案要求雇主对工作事故承担责任。劳动力办公室虽然成立了，但是它被设置在警察局里，以打消人们投诉的念头。每个带着冤屈来到劳动力办公室的人都知道他的名字会被警察记录下来，他会被标记成一个制造麻烦的人。

埃及所有的社会问题都被历届政府束之高阁，借口是他们有更重
111 要的事情要担心，特别是签订一个同英国的条约。直到条约签订为止，没人去面对埃及在疾病、愚昧和贫穷方面的问题。到 1936 年一个新的问题加入其中——即人口过剩。许多人拒绝相信人口过剩是一个问题，因为它会给劳动力密集型的棉花生产提供额外的劳动力。但是因为人口增长并没有与之相应的农业土地增加或大规模工业化，随着时间推移，这一问题会变得愈发尖锐。

历届政府的自我满足，以及他们完全缺乏社会意识，使得政治体系

一直不受本土事件的影响。无论何时发生暴力和动荡,接下来都是警察镇压和一两个劳动立法上的小恩小惠,还常常得不到实施。至于农村地区,那儿四分五裂,更加缺乏组织性,只能任凭支配着土地和议会的地主们的摆布。知识分子们意识到国内的这些问题,他们大声疾呼,但几乎没有上层和有权势的人在意;那些人都忙于争夺权力,或是尝试进行条约谈判。与此同时,不满的暗流在穷苦劳动者、学生和失业的知识分子中涌动壮大。

埃及知识分子们对英国占领的控诉主要在两大方面:不让国民受教育,以使继续占领合理化;彻底破坏埃及工业来发展畸形的单一农业。教育和工业化都要到 30 年代才开始发展。同样重要的是妇女解放,这成了民族主义纲领的政策要点,在埃及比在任何其他阿拉伯或伊斯兰国家都要更早产生。当民族主义者在 1919 年事件中被捕后,他们的女性家属开始投入这一运动,戴着面纱在街上示威游行。工人阶级妇女并不蒙面,因为性别隔离是只有富裕阶层以及想要模仿他们的人,才能负担得起的奢侈。正确的说法是,精英阶层的妇女领导了抛弃面纱的运动。关于摘面纱的由来有两个故事。一个故事说的是,胡达·
沙拉维(Hoda Shaarawi),一个早期华夫脱党建立者的妻子,埃及最大 112
地主的女儿,于 1923 年从欧洲旅行回到埃及,她代表埃及去欧洲参加一个妇女大会。当她乘坐的船只接近亚历山大港口时,她将面纱丢出船外,没有蒙面就上岸。她的行为被其他妇女效仿,从那以后,精英妇女开始不戴面纱,她们迈出的这一步迅速被所有其他妇女效仿。

另一个版本是,精英妇女决定为某慈善事业举办一次社交茶会,她们在此活动中会在舞台上扮演静态画(*tableaux vivants*)。按习俗,妇女坐在大厅的一头,男人坐在另一头,中间用屏风隔开,使女人避开男人的视线。随着一个特定的信号,屏风倒下,男人们看到了没有蒙面的女人。一个刻薄的人声称,当此事发生之时,有人大喊:"看在真主的分上,把她们蒙起来!"妇女们一摘下面纱,就参与到国家的公共生活中,她们并不是要寻求职位得以谋生,她们不需要如此,而只是通过接管全国的社会服务的方式来参与。她们建立起慈善组织,在全国各地设置医院、医护室和诊所。她们开办孤儿院、女子学校，以及为工人阶级女孩进行职业培训的机构。当她们的丈夫还在政治纷争中耗费时间时，这些妇女以令人敬佩的方式一起工作，树立了一个更好的榜样。要感谢她们的努力，埃及才有了今天的社会服务。妇女们非常高效能干，1948 年，军队还请求她们组织护士队，之后还请她们建立康复中心。她们的努力为国家带来了 200 万张医院床位，任何阶级的人都能接受治疗——对穷人免费，对能负担得起的人收一定费用。多亏了这些妇女的努力付出，她们通过捐献在每个主要的镇子和村庄最终都设置了医护室或诊所。她们威胁、劝诱，甚至勒索富人捐赠土地和金钱来建立她们的机构，在流行病爆发时期，她们巡游受灾地区，为需要的人带去
113 药品和食物，劝说病人同意进医院接受更好的医疗照顾。

教育也取得了进步，尽管不如期望的那么迅速。在克罗默时期，教育预算大约占 1%，说明了他对公共教育缺乏兴趣。1910 年，教育预算上升到 3.4%，到 1930—1931 年，几乎达到了 11%，而此时预算总额已大大增加。1925 年为了根除文盲而通过的一条法律规定小学教育为强制性教育。这意味着大规模建造校舍和培训教师，但由于没有资金，这条法律成了一纸空文。但文盲率开始略有下降。真正的进步主要在纳赛尔(Nasser)时期实现，才使得现今能有 70%—80%的学龄期儿童进入小学学习。

另一方面，中学教育被当作是通往职业或专业的准备阶段。它是通往拥有社会声望的专业技术人士世界的途径，或者更好的是，通往提供任职保障、退休金计划和往政府上层攀升机会的官僚世界的途径。中学生和大学生代表着社会精英，他们在社会中的重要性在当时远远超过他们对社会的贡献。他们是大规模政治动乱的参与者，一开始是反对英国占领，后来是反对君主和政府。1935—1936 年被命名为“年轻人的时代”(years of youth)，因为这两年频发学生动乱。这两年也是对政治领袖幻想破灭的时期，是对学生们的职业未来担忧的时期。因为人口增长，但国家吸纳这些人口的能力并没有提高，到 1937 年埃及这样一个大部分人是文盲的国家竟然面临着知识分子失业的问题。

7 500 名中学毕业生和 3 500 名大学毕业生找不到工作。那些从外国学校毕业、会讲外语的学生能在外国公司找到工作,但是因为只有少数族群才会去上外国学校,这仅仅是增加了埃及本地人的苦恼。

40 年代,免费的大学教育设立,使教室、讲堂资源过度紧张,也降 114
低了教育质量。1952 年革命以后,问题变得更加严重,大学数量成倍增加,但教授的人数并未跟上。一大批受过教育却失业的人的存在,扰乱了社会安定,创造了大量不满、感到被排挤的知识分子。

在不久前意大利对埃塞俄比亚的占领、对昔兰尼加(Cyrenaica)的控制,以及日渐加深的对第二次世界大战爆发的担忧的刺激下,全部政党联合起来要磋商一个英埃条约。在谈判开始之前,福阿德国王于 1936 年 4 月去世,留下他未成年的儿子法鲁克(Faruq)于次年继承王位。福阿德已经作为苏丹和国王统治了 19 年,享年 68 岁。本质上作为一个独裁者,他尽力削弱立宪政治——一种他不信任的治理原则。他是一个冷酷无情、充满报复心的人,然而他禀赋聪明,对国内发生的一切包括精英阶层中任何成员的最无足轻重的丑闻也了如指掌。他工作勤勉,虽然他的政府讨厌他,但他们也对他对问题的把握和对国内事务的了解表示敬意。他的儿子的表现则止步于一个仿佛冒充国王的花花公子。父子两人都有聚敛财富的天赋。福阿德建立了几个学术机构,例如皇家地理学会(Royal Geographic Society),此外更重要的是,在说服他的姐姐捐赠资金和珠宝以修建后来的福阿德一世大学的校舍中发挥了作用。这所大学即现在的开罗大学。第一任校长是艾哈迈德·鲁特菲·赛义德(Ahmad Lutfi al-Sayyid),埃及的知识分子领袖,也是福阿德讨厌的人之一。

大选再次把华夫脱多数派推回权力中心,由纳哈斯担任首相。各政党于 1936 年聚集起来成为一个联合阵线(United Front),派一个代
表团前往英国商讨英埃条约。早期的种种尝试由于各种各样的原因失 115
败,但是到此刻埃及政治家们愿意作出之前他们拒绝的让步,因为他们担心世界大战会爆发。谈判的结果是达成了一个条约,尽管给予埃及的条件几乎与十年前相同,但是大多数党派都称赞这是对僵局的一个

成功突破。

个别政治家反对这个条约中的一些条款。例如,一些人担心条约中暗含的意思,该条约规定埃及政府在战争时期或“所谓国际非常时期”要给予英国协助。一些人反对埃及政府要承担修筑道路以方便英国军队于非常时期在埃及国内的行动的规定。大体上,大多数政治家都觉得这一条约给了埃及大量的好处。它在法律意义上结束了占领,尽管不是在物理意义上,因为英国军队仍然驻扎在运河区。它给予埃及以英国的支持,让埃及作为一个独立国家加入国际联盟(League of Nations);它把保护外国人和少数族群的责任留给了埃及当局——这是“四项保留事项”中唯一一个解决的问题。这一条约许诺会帮助埃及废止一直困扰着历届政府的外国人优待条例,该条例终于在 1948 年终止。

这一条约的有效期为 20 年,到期后可重新磋商,如果双方没有达成协议则会被提交给国联大会。两国互换了大使,但是英国驻埃及大使总是在所有大使中占着高阶的地位。条约还规定英国和埃及军队对苏伊士运河进行联合保护,没有英国军队的许可,埃及军队或平民不允许进入运河区,埃及飞机也不允许飞过运河区上空。埃及军队将受英国军官的训练,装备英国武器,受雇于埃及政府的全部英国官员最终将逐渐撤出,由埃及官员代替。

116 率领谈判代表团的纳哈斯以常见的夸张方式把该条约描绘成“荣誉和独立”条款。许多人不这么认为,中肯地指出同样的条款在过去英国人已经同意过,只是因为过去华夫脱党并未参加谈判,认为条件不够好而拒绝。在批准该条约前,议会进行了辩论。自由立宪党领袖、谈判代表团的成员西德基和穆罕默德·马哈茂德(Muhammad Mahmud)两人都指出,该条约的条款并没有给予埃及完全独立,但他们也指出埃及军队的状况不适合在接下来的一段时间承担防卫埃及的责任,因此国家还是得依靠英国的保护。

普遍的情绪是有限的满意,至少条约改变了先前的僵局,一旦对世界大战的担心消失,会为以后的谈判打开大门。英国军队的存在应当不会引人注目,因为军队会退守到运河区,而不是驻扎在首都。但英军的存在不可忽视,1942 年和 1951 年的事件就会证明这一点。对条约感到最失望的部分公众是外国居民。他们中许多人原籍是希腊、黎凡特[①]、亚美尼亚和意大利,已经在埃及定居很久,没有其他家乡,但是他们倾向于保持他们的外国人身份,并从外国人优待条例中获益。英国占领给予了他们优先权,外国人优待条例允许他们赚钱但只需缴纳很少的赋税。现在他们面临着与埃及人同等的待遇。他们在诉讼时只能去本地法庭,不能再依靠大部分法官都是外国人的混合法庭(mixed courts),刑事案的时候也不能再求助领事法庭(consular courts)。他们中一些人选择加入埃及国籍,一些人则选择离开,其他人选择保留外国人的身份留下来,但同时把大量钱财转移出埃及。

一些埃及人从条约中得到一点钱财上的好处,因为虽然百姓们大
多都得背负起为英军铺路修兵营的沉重负担,埃及政府被允许指派两 117
名埃及人成为苏伊士运河公司董事会的成员。公司把给埃及每年的分红提高到 300 000 英镑,并同意其雇员名额的 35％从埃及人中招募。

作为这一联盟条约的一个副产品,军事学院放宽了门槛,招收中小资产阶级的子弟入学,因为军队需要军官团。10％进入学院的学生免缴学费。从这批出身背景较差的学员中出来的最著名的军官就是贾迈勒·阿布杜勒·纳西尔(Gamal Abd al-Nasir),即在西方为人所熟知的纳赛尔(Nasser)。

条约一旦签订,埃及政府无法再用它作为借口来搁置国内问题,不得不面对这些问题,但不知道它们会导致怎样的结果或者该怎么解决。机构制度薄弱无力,个人因素常常支配制度因素。掮客和保护人[②]收到他们顾客的诉求,为他们的利益办事,因此制度在利用,或者说是滥用影响力面前只能退让。然而,在政府任职的人还是有较高程度的道德操守,试图根据公正和公平的原则来行事;那些被控诉

① 即沙姆地区。

② 根据上下文,这里保护人指的就是那些有权势能帮人解决问题的人。

腐败的人是为其余官僚所不齿的著名人物。贿赂并不多见,尽管有几个有权者因收受贿赂而臭名昭著。关于如何改革面临的问题,政府并没有明确的计划,很快就陷入党派内斗,自然就推迟了任何对行政体系的彻底改革。

法鲁克国王于 1937 年 7 月达到法定的成年年龄,延续着由其父开始的王宫和华夫脱党之间的冲突。华夫脱党由于一些能干的党员变节而削弱,这些人创建了一个以萨阿德·扎格卢勒命名的新党——萨阿德党(the Saadist Party),以此显示华夫脱党已经背离了党派创始人所设定的原则。实际上本来就只有极少的几条原则,再一次,无论华夫脱党还是萨阿德党,他们都只是围绕在个人周围的团
118 体,在风格和行为方式上不同,而不是在内容或政策纲领上不同。法鲁克被百姓们当作偶像,他们眼中看到的是一个年轻、英俊的男孩,看起来完美地体现了未来的希望和政府的一个新起点。他有着吸引人的迷人性格,但也导致他的老师们对他宠爱放纵,满足他每一次的一时兴起。他和华夫脱党之间的冲突,他和英国大使——原高级专员——之间的冲突很快爆发,法鲁克也受到如果不守规矩就会遭到废黜的威胁。王室随从被福阿德挑选出来的时候就是因为这些人对华夫脱党抱有敌意,他们鼓励法鲁克采取反对这一多数派政党的立场,向艾资哈尔(al-Azhar)的宗教学者靠近,企图用艾资哈尔大学作为对抗华夫脱党的工具。艾资哈尔大学当时由一位最开明的校长谢赫马拉赫(Sheikh al-Maraghi)领导。

当第二次世界大战爆发时,埃及面临着来自西部沙漠的侵略。格拉齐亚尼(Graziani)率领的意大利军队最终被韦维尔(Wavell)[①]打败,他于 1941 年 3 月把意大利人赶出昔兰尼加。次月,英国军队在隆美尔的攻势下被逼后撤,看起来似乎埃及很快就要被德国人占领,因为到 1942 年 7 月,德国军队已经离亚历山大港不足 70 英里。直到 11 月阿拉曼战役(the battle of Alamein)最终迫使隆美尔撤出埃及,那一年间

① 第二次世界大战时英军中东司令部的总司令。

一直是千钧一发的局面。英国使馆为了准备撤离，焚毁了文件，位于赫利奥波利斯(Heliopolis)[①]的皇家空军机场每晚都被轰炸。食物变得紧缺。价格上涨，一些人开始囤积。配给卡被印刷出来，但起不到什么作用。穷人遭受饥饿而暴乱，把他们的苦难归咎于英国军队，控诉他们吃掉了埃及的粮食。

对条约内容的不满情绪逐渐浮现。状况已然很明显，埃及要花费大量金钱和精力来为英军提供设施和服务，而英军的数量由于战争的原因而急剧增加。此外，出现了一个企业家阶层为英军提供用于休息和娱乐的设施，他们通过战争投机、军事合同、夜总会和酒吧赚钱。这 119
么多穿着制服的士兵走在主要城市的街道上寻欢的景象，冲击了埃及百姓们敏感的神经，他们中大部分都是传统的、十分虔诚的教徒，不满于雨后春笋般出现的酒吧和妓院。这种情绪在穆斯林兄弟会成员中尤其强烈，他们为贫穷的妇女被英国人的金子诱惑选择罪恶的生活而怒火中烧。他们的活动成倍增加，向他们的追随者展示穆斯林的原则和伦理因英国人的存在而被侵犯。百姓中极少有人关心一场世界大战正在进行，甚至谈不上有多少了解。希特勒和墨索里尼只是对他们没有什么意义的名字；许多人甚至相信德国人的存在也许可以被当作一个工具，一劳永逸地将英国人赶走。连国王也似乎分享着同样的情绪，流言说他秘密计划把国家交给轴心国。他的一位老师，曾在德国军事学院接受训练的阿齐兹·阿里·茂斯里(Aziz Ali al-Masri)将军毫不掩饰他对轴心国的同情。

隆美尔的进攻和人们对他的崇拜，加上国王与轴心国之间无论是真的还是可能的来往，成了英国政府面临的双重灾难，于是英国政府决定采取激烈的行动。1942 年 2 月 4 日，阿卜丁王宫突然被英军坦克包围，国王收到一份最后通牒：要么纳哈斯被任命为首相，要么国王立刻被废黜。很明显，纳哈斯已经事先同英国大使就战争期间对国家的治理达成了协议，他知道国王如果不承认华夫脱党的领导权就会受到威

① 位于开罗东北郊区。

胁。该党的产生就是源于它对英国在埃及的存在的强烈反对，现在它和这一存在合作共同对抗国王。一些人认为华夫脱党有理由同意依靠英国人的坦克，以这种方式获取权力，但是其他人则鄙视华夫脱党在这
120 样的情况下接受治理权。国王被迫同意英国的要求；纳哈斯和华夫脱党获得权力，并一直持续到 1944 年，那时隆美尔的威胁已然消失，战争的风向已经转向了协约国。

华夫脱党对英国霸道行为的默许使百姓感到震惊，百姓们不了解其中的内情，依然把国王当作他们的英雄；从那以后，他们开始不再把华夫脱党看作一个民族主义党派。人们寻求华夫脱党的替代品，该党受到任人唯亲、腐败、滥用权力等指责，这些指责被纳哈斯最亲密的同伴之一马克拉姆·欧贝德(Makram Ubaid)公之于众，他的“黑皮书”(Black Book)以其耸人听闻的爆料轰动全国。欧贝德长期担任纳哈斯的幕后顾问和实权操纵者，他和他的朋友分道扬镳。作为一个诚挚的民族主义者，欧贝德从来没有以国家利益为代价来谋取钱财，没有从任何政府的金融交易中获利，他一五一十地把贪污、腐败和滥用权力的情况说了出来。华夫脱政府继续掌权，因为英国当局希望如此，该党也没有受到任何起诉。

战争的结束让埃及加入了联合国，关于英国军队撤离埃及的谈判问题再次浮出水面。新任首相决定根据英埃条约的条款，把该问题提交至联合国安全理事会。安理会要求英国和埃及重启谈判，这是一个蹩脚的决定，因为双方不可能达成协议。条约允许英军驻守埃及 20 年，但是被其他帝国主义问题缠身的英国政府不觉得有改变状况或修改条约任何部分的需要。条约中最急需讨论的条款是关于苏丹的内容。尽管那片领土应当由一个英埃联合政府共管，但实际上完全由英国官员管理，埃及在该政府里的作用仅限于支付开销——直到 1924 年才停止。埃及人现在呼吁埃及和苏丹联合。叫喊着诸如“埃及和苏丹联合起来”的口号的示威游行出现在街头。一些风趣的人还加上了另
121 一个口号，“埃及和苏丹是我们的，不麻烦的话，不列颠群岛也是我们的”。许多苏丹人不想和埃及联合；他们更希望脱离埃及和英国获得自

己的独立。

关于条约谈判的吵闹被对巴勒斯坦发生的事件的更多关注而取代。从1936年首次阿拉伯人总罢工爆发开始,许多埃及人一直担心巴勒斯坦形势,以及那里日益增长的犹太人势力。纳哈斯及其政府对在巴勒斯坦地区和其他阿拉伯国家的阿拉伯兄弟们说了一大堆表示同情的废话,但是他们被英国政府秘密命令不要采取任何行动来为巴勒斯坦人的事业筹款或争取同情。他们甚至被指示不让巴勒斯坦领袖在埃及公开演讲。英国政府对华夫脱党使用胡萝卜和大棒政策,诱使他们相信,他们如果干涉巴勒斯坦事务,就是在拿战争一结束就修改条约的机会冒险。

在战争期间做不了什么能帮助巴勒斯坦人,巴勒斯坦人也在等待战争结束。与此同时,犹太复国主义者参加了同盟国,因而受到军事训练,这对他们后来开始针对阿拉伯人的作战非常有用,他们的目的是要把阿拉伯人驱赶出某些地区和城市。

当英国于1948年5月结束对巴勒斯坦的托管时,所有的阿拉伯国家,包括埃及,宣布对新成立的以色列国宣战。埃及军队完全没有作好战争准备,因为军队除了英军供给的过时装备外没有武器,也几乎没有飞机。首相和国防部长都告诉国王,埃及没有能力参战,国王向他们保证,既然这样他不会宣战。第二天早上,两人却从早报中读到埃及向以色列宣战了。

战争的过程简直是一场灾难。国王派了一些他最亲密的伙伴去比利时进行武器交易。结果这些人成了百万富翁,甚至国王也被怀疑从这些交易中牟利。然而他们购得的火炮在埃及军队阵前要比在敌人面 122
前爆炸得更为频繁,因为绝大部分武器都是有缺陷的二战剩余品。埃及军队占领了加沙地区,但是部分军队在费卢杰战役(the battle of al-Faluja)中被以色列人包围。在这次包围中,一位年轻的军官常常越过防线和以色列对手聊天,问他们是如何成功摆脱英国在巴勒斯坦的影响力。这位年轻的军官就是贾迈勒·阿布杜勒·纳西尔(纳赛尔),后来成了1952年革命的领袖。

最终巴勒斯坦战争不仅为埃及军官和士兵,也为穆斯林兄弟会的准军事组织提供了训练的场所。后者作为志愿者参加战争,并展现了他们的战斗勇气,因为他们在为一个他们坚信的事业所战斗,想要作为从犹太复国主义者手里抢回圣地的烈士牺牲。他们在巴勒斯坦的表现使当时的首相努克拉什(Nuqrashi)意识到他们作为一个组织对国家安全所造成的威胁;一些军事人员也同样意识到他们的战斗技巧,这些后文还会提到。1948 年 12 月,首相决定镇压穆斯林兄弟会,下令解散该组织。首相的这一命令给他自己签了死亡通知书,三个星期以后他被一个穆斯林兄弟会成员暗杀。接着,穆斯林兄弟会首领哈桑·班纳被谋杀,可能是政府中人所为,作为对首相之死的报复。

穆斯林兄弟会被禁;一些成员被捕,像同时期的许多社会主义者和左翼人士一样。各阿拉伯国家政府和以色列人之间的一系列休战协议最终签订,终结了战争。这些不是和平协议——并没有和平——它们只是决定停战,因为阿拉伯人拒绝认可以色列国的成立,甚至拒绝与以色列人面对面谈判;谈判由第三方进行。

123 巴勒斯坦战争暴露了埃及国内政治已然败坏的本质,也清楚表明不仅华夫脱党,所有政党都已失去了领导权。关于国王私生活丑闻的流言甚嚣尘上。每个晚上他要么出现在人气火爆的夜总会,身边围着一群美女,要么就是在汽车俱乐部的赌桌旁。他同王后法莉达(Farida)的离婚不得人心,他放荡的行为受到异议。关于商业交易和战争期间的武器交易的传言沸沸扬扬,牵涉到国王亲信和大笔公共资金。这些亲信包括宫廷电气技师、一个叫普利(Pulli)的意大利人,以及一个黎凡特的报业人士,他们通过和国王的关系聚敛了大量财富并拥有权力。纳哈斯的妻子成了八卦的焦点,传言说她收了一大笔钱,帮忙操纵亚历山大港的棉花交易,使她的两个朋友获利,在此过程中毁了许多棉花商人。每天都有一个新的丑闻在开罗的沙龙和全国的咖啡馆里流传开来。君主政体到此时已经失去了人们的尊敬;政府放弃了责任,同君主政治一样毫无道德底线。随着生活成本增加,罢工和游行变得司空见惯。

1950 年,大选再次让华夫脱党重掌权力,纳哈斯寻求转移对国内问题的注意力,他既不想面对这些问题,也不知道该如何解决,于是他试图同英国就苏伊士运河及从运河区撤离达成一些协议。虽然这的确是一个真切的政治问题,但它再次作为一个转移视线的问题而被提起,试图转移对政府无能和腐败的注意力。同时,苏丹人正忙于试图从英国争取独立,而埃及人则想要建立一个和苏丹的联合体。纳哈斯不知道接下来如何是好,于 1951 年最终单方面废除 1936 年的《英埃条约》(Anglo-Egyptian Treaty)和 1899 年的《苏丹协定》(Sudan Convention)。议会迅速宣布君主成为埃及及苏丹之国王,但这两步行动并没有立刻削弱 124
英国对苏丹的控制。

埃及年轻人对驻扎在运河区的英国基地发动了游击进攻,希望借此把该地区变得让英国人难于防守,逼迫他们撤离。但是已经撤出巴勒斯坦的英军决定紧紧抓住运河区。1952 年 1 月 25 日,英军部队包围了伊斯梅利亚城的一个警察局,认为是警察在帮助和教唆游击队,要求他们投降。得到内务部长命令的埃及警察拒绝投降。坦克包围了他们,大炮被用来攻击建筑物,在他们最终投降前,已有 40 名警察被打死,70 名警察受伤。这次事件像是火花,点燃了一场大火,烧毁了开罗相当大的一部分。伊斯梅利亚事件的消息传到首都次日,一群愤怒的民众在开罗聚集,放火烧毁了英国人拥有的建筑物、俱乐部、企业和其他外国人的财产。黑烟笼罩在开罗上空,百姓们瑟缩地躲在家中,恐惧地看着一切,人数不断增加的民众仿佛愈加狂暴,他们烧毁房屋、洗劫商店、毁坏财产。直到下午军队姗姗来迟后,秩序才被恢复。此时,开罗市中心仿佛被蹂躏过的战区,到处是被抢劫一空的百货商店、冒着烟的房屋和被打砸的店面。

谁在幕后操纵了开罗纵火事件?这是一场有组织的行动还是自发行动?这些问题虽然有许多猜测,但至今还没有答案。有谣传说一辆黑色的轿车从一个地区到另一个地区,指挥对特定建筑物的攻击。真相也许永远不会揭晓,但是有言之凿凿的传闻说这些事件都是由“青年埃及"的艾哈迈德·侯赛因(Ahmad Husain)组织的,后来他也为此受到审判,但是该案子在纳赛尔掌权后被搁置。其他人声称波兰使馆提供了事件中使用的技术先进的燃烧物。

125 开罗纵火事件,和70年前的亚历山大大火一样,是埃及历史的里程碑。它标志了一个时代的终结,自由主义试验时代的终结。议会被证明在面对当时的君主、政党和历届政府时无能为力。政党已经丧失了想象力和脊梁,只能对事件作出应对,而不能发起行动。君主在私人和公众生活两方面都彻底丧失了名誉。六个月间,由王宫任命的不同政权勉强维持,但是致命一击于1952年7月23日到来,一小批年轻军官发动政变,推翻了君主制以及从1922年就开始存在的政府形式。

军队一直支持君主制,从未涉足政治,但是巴勒斯坦战争改变了这一切。1936年以后一个新的军官阶级形成,十年以后,巴勒斯坦战争改变了他们关于自己对国家的职责的观点。年轻军官们对国王的憎恶变得明显,并体现在军官俱乐部的主席选举上。国王一直把军队看作自己特别的宠物,但是当他推荐的主席候选人在投票中败给了一位年纪更大、更受欢迎的叫作穆罕默德·纳吉布(Muhammad Naguib)的将军时这种感情变为了不悦。这是他的军队传递给他的信息,他们不再接受他的指挥。从那时起,国王和年轻军官之间的关系一直非常紧张。流言四起,有的关于年轻军官的不满,有的甚至还关于试图政变。因此国王要求国防部长进行调查。部长召来了自己的侄子,一个叫作阿卜杜·哈基姆·阿米尔(Abd al-Hakim Amir)的年轻军官,问他有没有听说任何关于他的年轻同事反叛的传闻。阿米尔自己就是反叛者中的一员,他报告说这只不过是"小题大作",国防部长将此观点报告给了国王。次日早上,一个目瞪口呆的国家醒过来,听到电台已经被军队占领,他们组织了政变,推翻了君主制。

126 三天以后法鲁克离开埃及,陪伴他的是他的第二任妻子、女儿们和尚在襁褓中的儿子。这个婴儿被宣布为新任埃及国王,由摄政委员会以他的名义统治,直至其成年。摄政委员会的成员有阿卜杜·穆尼姆

(Abd al-Munim)王子,一位受尊敬的王室成员,1914 年被英国人废黜的前任赫迪夫阿拔斯二世的儿子;巴哈伊 · 丁 · 巴拉卡特(Bahi al-Din Barakat)帕夏,前国家审计官,并几次担任过内阁部长;拉沙德 · 穆哈纳(Rashad Muhanna),一位军官。一年以后,君主制消亡,埃及宣布成为一个共和国,穆罕默德 · 纳吉布将军成为第一任总统。

# 第六章　纳赛尔时期（1952—1970）

127 从法老时代以来 2 000 多年，埃及第一次由埃及人统治。由英国枪炮维持和巩固的突厥—切尔克斯君主统治烟消云散。终于，被统治者同统治者之间的隔阂看起来要终结了。除了在宗教上不同的科普特少数族群外，新政权是一个多数本土埃及人能在宗教、语言和种族上认同的政权。国王和他的祖父一样被废黜，没有一丁点为他说话的声音。

君主制的结束让许多人相信，这也意味着英国对埃及国内政治干涉的结束，因为英国在埃及的影响是和国王的存在相联系的，国王得到英国人命令时就能解散政府。民族主义者以某种程度上和华夫脱党的首届政府同样的方式获得权力，这仿佛燃起了一种信念，即一个为了埃及人的福祉而运转的纯粹的埃及政府已经建立起来了。每个人都相信这些军官们是想要改革国家的民族主义者。

自由军官中的大多数人进入军事学院是在 1936 年的条约提供了这一可能性以后。他们大多数是同一届的毕业生，一同在军队里服役，不仅是朋友也是战友。他们在事业早期就组织起来，那时他们还只是中尉，就已经特意渗透入每一个可能的政治团体以学会他们的技术、了解他们的目标。因此，纳赛尔和安瓦尔·萨达特（Anwar al-Sadat）加入了穆斯林兄弟会，一些人加入了“青年埃及”，还有人加入了左翼团

体。除了个别例外,最初的 13 人中央计划组织革命指导委员会的成 128
员,都来自同样的社会背景——下层中产阶级和下层阶级。

一把君主赶走,接下来军官们就把他们的角色定位于从英国占领者手中解放埃及的解放者——这一理想从 1919 年开始就一直驱动着每一个埃及政治家。除了这一恒定的目标,他们不清楚接下来要做什么:是要从平民手里攫取权力还是允许平民在他们的监督下执政。尽管前一个政权已经名誉扫地,但自由派政府还没有。代议制政府、立宪统治,甚至是政党的概念,都还没有被遗弃;失去信任的是这样的自由派政府被滥用的方式。军官们相信自由主义试验被英国人和国王操控了,正因为这样的操控才注定失败。这也是为什么他们以为各政党会很快齐心协力,共同合作建立一个新埃及的原因。无论是如纳赛尔所声称的,因为对党派之间出现的诽谤的失望,导致对一个自由主义形式政府理想的幻灭,还是因为军官们很快发现权力的诱惑太强烈而难以抵挡,他们很快就决定在国家管理中发挥积极的作用。军官们变成速成的官僚和内阁部长,必须得通过实践学习其中的窍门,有时候会导致灾难性的结果。同时,有经验的政治家被逮捕、监禁,后来还被禁止参加任何政治活动。

起初,公众以为会迅速回到议会制生活,这一希望迅速被碾碎。军官们中间出现了分裂,一部分人想要议会制政府,另一部分接受纳赛尔指示的人则选择一个不同形式的统治。纳吉布将军作为一名高级军官享有正直的名声,之前被军官们当作门面以便为这次运动争得敬意,随后也于 1953 年被选为埃及共和国的首位总统。他领导想要回归立宪
治国的派别,但这一派别不敌纳赛尔派。出于对军官同伴之间发生暴 129
力的担心,他们依从了主导派别。然而,纳吉布很快发现自己在家里遭到软禁。当一位受人尊敬、上了年纪的政客艾哈迈德·鲁特菲·赛义德(Ahmad Lutfi al-Sayyid)拒绝了成为埃及第二任总统的提议以后,纳赛尔自己担任了这一职务。

一当政,军官们就废除了宪法,并宣布一个为时三年的过渡期,这期间他们会决定本国采用什么形式的政府。临时宪法赋予革命指导委

员会全部的权力，并成立一个组织——“解放大会”（the Liberation Rally），用以取代各政党。也许是军官们意识到，如果他们允许进行自由选举，旧政党会以压倒性多数获胜，因为军官们到此时还只是一派不为人所知、没受过考验的力量。因此要让旧政治家失去威信，不让他们回到政府任职。一条限制土地所有权，即财富的来源和旧制度（*ancien régime*）的影响的法律被通过，限制每人拥有土地不超过 200 费丹。这条法律打破了一些大地主的力量、抢走了他们的财产，不过他们的土地数量依然相当大。这个国家的多数地主、法拉欣只拥有不超过 50 费丹的土地。因此，该法律使得大地主们通过给予每个家庭成员 200 费丹土地的方式，来保留对广大田地的控制。所以，这条法律在后来进行了第二次和第三次修订，将土地占有量限制到 50 费丹。

1954 年 10 月，纳赛尔成为一次据说由穆斯林兄弟会策划的暗杀的目标。兄弟会帮助军官们获得权力，期望他们自己在政府里得到一席之地。但是军官们一旦掌权，就发现没必要把兄弟会同政府联系到一起，尤其是因为兄弟会拥有大规模的群众力量基础，而军官们还没有权力基础。纳赛尔一定清楚如果把兄弟会同政府联系起来，他们会获
130 得取代他的可能性，因此他也许曾试图破坏兄弟会的名声。无论如何，兄弟会由于此举而失去信任，被禁止而转到地下，尽管几年之后他们会卷土重来，成为和以前一样强大的力量。然而纳赛尔本人再也没有受到挑战。

和英国关于撤离运河区的谈判于 1953 年 4 月开启。游击队员袭击运河区军事基地给英军人员带来巨大的负担。工人们开始抵制基地，面对埃及国内的普遍反对，军队需要更多人来维持基地。英国既没有多余的人手也无法负担给予基地额外关注的费用。但是英国政府无法接受撤离基地，因此谈判中断。几个月之后谈判恢复，一个撤离协议达成并于 1954 年 10 月签署。协议允许英国军队人员到 1956 年 6 月为止撤离运河区。保护运河将成为埃及人的责任，不会再有外国部队驻扎在埃及的土壤上。另一个主要的议题——苏丹，则同运河问题区别开来。

苏丹获许在1953年进行自由选举,并经历一个三年的过渡期,让苏丹人决定他们想要什么:是要加入埃及还是独立。纳赛尔派自由军官中的萨拉赫·萨利姆(Salah Salim)少校去劝说苏丹人,他被拍到和部落成员们一起跳舞,除了短裤不着一缕,成了著名的“跳舞少校”。英国政府也向苏丹人示好,英国不赞成苏丹同埃及联合,向他们保证如果他们选择独立就会给予支持。苏丹人选择于1956年独立,埃及被迫面对这一政治事实,即他们自己想要的独立也为别人所渴望。

一旦这一新政权已成功主导埃及,并解决了与英国的问题,巩固了它的地位,它就转向关于外交政策的问题。埃及政治家们一直以来都相信他们是阿拉伯世界和伊斯兰世界天然的领导者;新生政治家们同 131
样如此。他们还确信他们也应当领导非洲国家。关于领导权的这一假定很快就要给埃及和伊拉克政府带来冲突。

美国与苏联之间的冷战导致美国建立了一系列军事同盟,美国国务卿约翰·福斯特·杜勒斯(John Foster Dulles)相信凭此能将苏联遏制在对美友好的联盟和条约组织圈内。因此北大西洋公约组织(NATO)成立,配上东南亚条约组织(SEATO),以及伊拉克、土耳其和巴基斯坦之间建立的巴格达条约组织。埃及政府拒绝加入任何地区联盟,并认为英国政府作为巴格达条约的成员,想要通过把阿拉伯世界的权力中心转移到巴格达来削弱埃及的地区领导地位。埃及政府于是发动了一场宣传攻势,意图劝阻阿拉伯国家加入巴格达条约。一个新的广播电台——“阿拉伯之声”(the Voice of the Arabs),向阿拉伯世界发送了一条有力的信息,攻击伊拉克首相努里·赛义德(Nuri al-Said)是阿拉伯事业的叛徒,并攻击阿拉伯人于1950年签署的共同条约。埃及和伊拉克之间对阿拉伯人领导权的竞争开始于40年代阿拉伯联盟(the Arab League)的建立,伊拉克希望领导阿盟,但是埃及人当了主席,总部也设在埃及。

伊拉克不是唯一一个被新埃及政权攻击的阿拉伯国家。其他没有热情支持埃及政策的阿拉伯国家被贴上了“反动和封建”的标签,并受到“阿拉伯之声”的炮轰。敌意主要指向沙特阿拉伯和约旦。

当自由军官们首次掌权时,他们寻找外交事务中一些他们可以追随的潮流,发现南斯拉夫的铁托总统和印度的尼赫鲁总理的政纲和政策对他们有吸引力。尼赫鲁在纳赛尔身上看到自己年轻时的影子,给这位埃及新领袖建议和指导。连同印度尼西亚的苏加诺(Sukarno)总
132 统一起,这些领袖们号召于 1955 年 4 月在万隆(Bandung)召开一次中立或不结盟国家大会。在此次会议上,纳赛尔被第三世界的代表当作一位世界领导人对待,被享誉世界的人物比如周恩来致以敬意。万隆会议是纳赛尔的转折点;它使纳赛尔领会到他有可能领导第三世界,第三世界敬仰他推翻腐败的君主政治以及他处理与英国事务的能力。这是去殖民化的时代,第三世界刚开始摆脱殖民统治,开始在世界事务中寻找道路。会议肯定了埃及政权对殖民主义的反抗,对与旧殖民主义势力形成军事条约组织的诱惑的抵御。这一立场使西方阵营,尤其是美国,谴责会议成员国伪善、在冷战中采取骑墙态度。对于第三世界而言,尽管骑墙不是一个舒服的位置,但至少安全,让政府抽身于两个超级大国的争端之外。这一立场也让他们能从两边都受到财政援助,两边都对他们示好,希望从他们那儿得到一些承诺。

约翰·福斯特·杜勒斯对埃及参加万隆会议以及纳赛尔在其中的显著作用感到愤怒。他的态度是,不是美国明确盟友的国家就是苏联的盟友。他相信中立只不过是假象。这一态度后来给埃及制造了困境。

万隆会议以后,纳赛尔在国外也许已经成为一位领袖,但他依然是一个面对以色列的进攻无力自保的国家的"*rais*"(领袖)。西方国家暂停向阿拉伯国家出售武器,尤其是在巴格达条约组织失败之后。唯一的另一个武器来源是曾在 1948 年战争中卖武器给以色列的东方阵营。纳赛尔转向苏联获取武器,尽管交易表面上是和捷克进行的。

以色列对埃及从英国独立感到不安,于 1954 年发动了拉冯事件
133 (the Lavon affair)。以色列特工摧毁了英国和美国在开罗的财产,认为损失会被归咎于埃及仇外势力,恶化埃及与这些国家的关系。这一行动被揭露,作案者被捕并绞死。以色列政府否认对此事件知情,但完

整的情况后来在以色列公开,以色列特工在开罗事件中的角色被曝光。第二年,已经退休在他的基布兹合作农场(kibbutz)生活的本·古里安(Ben Gurion)①作为国防部长复出,授权袭击加沙地带,导致大量埃及人和巴勒斯坦人死亡。这次袭击赤裸裸地暴露了埃及军事力量的虚弱和对武器的需求。本·古里安命令进行袭击是出于对纳赛尔支持巴勒斯坦人及其对"*fidayyin*"(游击队员)提供武装的担心。这次袭击本意是要给埃及一个教训,或是迫使纳赛尔减少对巴勒斯坦人的支持。但是在当时,埃及对巴勒斯坦人的支持绝大多数是口头上的,因为埃及人没有什么武器能提供给别人,所以找到一个武器供应方成了当务之急。

捷克军火交易谈判成功,给约翰·福斯特·杜勒斯对纳赛尔的怒火上又浇了油。在此期间,埃及政府制订了一个高坝工程,相信该项目能使农业用地数量翻一番,为工业提供水力发电,并成为一个复苏的新埃及的象征。世界银行和美国政府本来是该计划的主要财政后盾。也许是因为来自犹太游说团的压力,杜勒斯决定利用高坝作为给纳赛尔和其他第三世界领袖一个教训的机会。他以最傲慢和公开的方式撤回了美国对此项目的支持,故意要在全世界面前羞辱纳赛尔个人和埃及。

作为报复,纳赛尔将苏伊士运河国有化,并宣布将用运河的收入来支付建设高坝的费用。运河特许权本来应于 1968 年结束,除非续签,然而没有埃及领导人会续签这一特许权;最后一位在 1911 年谈论关于
续签特许权的领导人,仅仅因为提及此事就遭到暗杀。埃及人对苏伊 134
士运河特许权怀有的仇恨情绪并未减轻,因为对绝大多数人来说运河代表了欧洲对本国资源最露骨的剥削——经济帝国主义。运河的国有化因此受到大多数埃及人的热烈欢迎。

英国首相安东尼·艾登(Anthony Eden),因为个人原因,以及政治和经济上的理由,在运河国有化一事上感觉受到了冒犯。首先,运河公司虽然是一家法国公司,主要还是由英国航运在使用。英国和法国

---

① 以色列第一任总理。

都依赖经由运河运输的石油作为他们的能源，所以运河是一条生命线，对它的任何威胁都代表着对他们的工业和福祉的一种直接威胁。这是一条强有力的经济理由，两国都谴责将这条过去 70 年间他们已经当作是自己财产的航道国有化。艾登对纳赛尔有更深一层的愤懑，因为他在担任外务大臣时就运河解决问题同纳赛尔进行过谈判，他相信纳赛尔在签订协议时刻意对他撒谎、欺骗，并一直在计划当最后一名英国士兵离开运河区以后就将运河国有化。他听到运河国有化的消息时，叫喊道“偷窃”和“敲诈”。纳赛尔并没有对艾登撒谎，我们也没有任何证据说他在高坝工程被驳回之前的任何时候曾计划过国有化运河；他决定将运河国有化，是对杜勒斯断然拒绝的报复，也是对世界银行拒绝资助这一被他看作自己智力结晶，让自己的国家摆脱贫困、跨入现代化的项目的报复。

法国同样被运河国有化的行为激怒，运河由一家法国公司管理，由一位法国工程师设计和建造。但是法国对纳赛尔怀有另一层不满。从 1954 年起，法国深陷阿尔及利亚独立战争，法国政府怀疑阿尔及利亚
135 人获得埃及的帮助、资金支持，并在埃及接受训练。法国政府选择相信如果没有埃及的支持，阿尔及利亚人不会有强有力的盟友，叛乱也会被镇压。这一想法低估了阿尔及利亚民族主义情绪的力量，也高估了埃及政府提供给阿尔及利亚的微不足道的援助。

以色列同样担心纳赛尔在该地区上升的地位，更担心他获得新的武器供应，用来攻打以色列。

运河国有化被公布以后，列强起初邀请纳赛尔参加一个国际会议来讨论运河的将来，因为纳赛尔为其他第三世界国家开创了一个可以仿效的先例。然而，当艾登对纳赛尔进行人身攻击，把他描绘成潜在的希特勒后，纳赛尔拒绝出席会议。一夜之间，纳赛尔成为第三世界的英雄，因为他断然拒绝西方，而且看上去也能安然脱身。此外，让列强更为难堪的是，公司前管理层关于埃及人没有能力管理运河、所有航运会戛然停止的主张被证明是错的。埃及领航员证明他们能为通过运河的船只提供同样安全、高效，而且比公司先前雇佣的外国领航员成本更低

的护航。出于这一切理由,英法和以色列一起于 1956 年 10 月发动了三方对埃及的进攻。

英国和法国政府以为进攻会让埃及人归罪于军事政权,甚至在有必要占领该国之前就全体起来反抗并推翻军事政权。他们进一步假设能找到一些旧政权的政治家们愿意领导一个新的政府,与入侵者合作,反对自由军官。这些估计被证明是不经之谈,因为人民反而向他们的领袖靠得更近,特别是当以色列是这次勾结的参与者一事很快被知晓之后。如果以色列不是进攻行动的参与者,对埃及的攻击也许会被原谅,甚或被一些人默许纵容。正是以色列的存在保证了民众抵抗、全部 136
国人团结在领袖和军队周围。

以色列人迅速占领了西奈半岛,直到苏伊士运河边,而英法军队摧毁了还没升空的埃及空军,轰炸并最后占领了塞得港。塞得港的抵抗,虽然英勇,但在压倒性的差距面前并无效果,城市陷落。埃及方面伤亡惨重。美国和苏联都介入,要求停止战斗,并谴责三国对埃及的入侵。美国政府坚持战争应当结束,敌军应当从全部埃及领土撤走。在持续一周的战争之后,11 月 6 日联合国出面调停,联合国紧急部队(United Nations Emergency Forces,UNEF)被派往埃及作为埃及和以色列之间的缓冲区。当联合国紧急部队于 12 月 22 日抵达埃及时,以色列军队被迫撤退到他们先前的边界。

埃及政府声称他们是战争的胜利者,或至少虽不认为他们打赢了战争,但也知道他们已赢得了和平。他们与三国力量大胆对抗,并没有被对方完全打败。政权渡过了困境,没有倒台。另一方面,英法对埃及的入侵行动是如此拙劣,简直是羞辱。如果他们进行迅速、高效的占领,呈现给世界一个既成事实,他们也许能脱身。但是他们行动缓慢、支零破碎、毫不协调的入侵是如此布局拙劣,引发了世界其余国家的批评,人们也许会崇拜和原谅粗暴的高效,却鄙视拖延和无能。1882 年停泊在亚历山大港海岸附近的英国舰队炮轰该城时,舰队司令解释说是为了“消除误会”。而 1956 年各国的轰炸并没有达到同样的效果。

战争期间,运河被沉船塞断,但被联合国清理并于 1957 年 3 月开 137

放航运。运河公司获得赔偿,航道成功运营,直到 1967 年另一场阿拉伯—以色列战争再次将之阻塞了一段更长的时期。

作为 1956 年事件的后果,大量外国人被驱逐出埃及,特别是英国和法国公民,以及很多犹太人。已经在埃及居住了很久的希腊和意大利社区的多数成员,也在英国人和法国人之后离开了埃及;他们觉得他们在该国的经济地位受到了正在上升的民族主义情绪浪潮的威胁。过去,外国人受到优待条例和英国人的"保护",英国占领军在该国的存在让他们感觉安全。尤其在亚历山大港,某种意义上的世界主义一度盛行;外国人在埃及感到受欢迎,像回家一样。随着民族主义情绪增强,外国人现在不得不依赖当地政府的善意来"保护"他们。过去他们作为外国人这一事实就是一项商业资产,现在面对一个喜欢同埃及人打交道的政府则成了一个不利因素。许多外国社区的成员因此决定离开埃及。

纳赛尔从这一经历中成长为阿拉伯世界毋庸置疑的领袖和所有阿拉伯国家人民的英雄,尽管对其他阿拉伯领导人来说肯定并非如此。阿拉伯人民崇敬纳赛尔,为了他所代表的一切——阿拉伯人之间的团结,自豪,结束殖民影响,独立。他的照片在所有阿拉伯国家的每家商店、每个集市都能看到。最崇拜纳赛尔的也许是叙利亚人。

从 1949 年起,叙利亚经历了一系列军事政变,导致了各种独裁,深陷内部问题。一个被称为"Baath"(复兴)党的泛阿拉伯运动,在 40 年代由两位知识分子米歇尔·阿弗拉克(Michel Aflaq)和萨拉赫·比塔尔(Salah al-Bitar)创立,并一直在发展。它的宗旨是要把所有讲阿拉伯语的国家团结成一个单一的阿拉伯国。起初,复兴党对埃及的新政
138 权抱有敌意,但是当纳赛尔谈及阿拉伯统一的必要性时,他和复兴党成员似乎找到了共同点。复兴党在纳赛尔身上看到成为所有阿拉伯人领袖的潜力,而他在复兴党身上看到一个支持他作为全体阿拉伯人的统一者的潜在的意识形态。其他阿拉伯国家的统治者们担心阿拉伯统一的概念会意味着他们政权的结束,尤其是当纳赛尔开始抨击那些他称为"封建主义者"和"反动分子"的人。埃及政权不满足于仅仅抨击,所

以,1957 年许多埃及武官被其他阿拉伯国家驱逐,罪名是在那些国家煽动骚乱。

除了复兴党运动以外,叙利亚还面临着一股日益增长的共产主义潮流,给叙利亚的非共产主义领袖带来不安。叙利亚共和国的总统舒克里·库瓦特利(Shukri al-Quwatli),一位年长的政治家,曾经是反抗法国占领叙利亚的民族主义运动的领袖,曾被一次军事政变流放至埃及,在那儿他认识了纳赛尔。他担心共产党人会接管军队。和复兴党人一起,他在议会推动同埃及联合,以提前阻止在叙利亚出现一个共产主义政权。1958 年 1 月,纳赛尔被邀请,甚至可以说是被迫与叙利亚联合,作为向全部阿拉伯国家最终统一迈出的第一步。纳赛尔能清楚地看到缺乏恰当的准备而形成这一联合的危险,但是不能抵挡迈向阿拉伯统一的第一步这样的诱惑,于是同意成立阿拉伯联合共和国(United Arab Republic)。也门也加入了这一联合。

把两个像埃及和叙利亚这样差别巨大的实体的政治结构合并到一起的任务开始了,但是它以失败告终。所有的政党,包括复兴党,在叙利亚都被取缔,就如在埃及一样。一部新的宪法匆忙起草,纳赛尔以 99.9%的得票率当选新共和国的总统。叙利亚的社会结构不同于埃及,能满足一个社会的东西也许会与另一个社会的需求背道而驰。到此时,埃及已经变得习惯于独裁统治和一党体系,这一体系代表工人和 139
农民,但把人数不多的资产阶级大都排除在外。但是叙利亚有一个高度善于表达自我、行动高效的资产阶级,人口中的一大部分从事手工业和小作坊工业以及小商业。这一联合的建立十分匆忙,几乎没有留出时间来研究双方社会,如何合并两个社会并解决他们的需要和问题的政策并没有建立。而且,埃及人被指责用高压手段统治叙利亚,不论在军队或在民政管理中,都不肯给叙利亚人公平份额的权力职位。此外,一个压制自由的机构建立,阿卜杜·哈米德·赛拉吉(Abd al-Hamid Sarraj)被任命为叙利亚军事情报机构的负责人,他成为纳赛尔在叙利亚的心腹,以冷酷不得民心的手段统治该国。

许多叙利亚人开始对他们的新政权满腹牢骚,这一政权把他们排除在权力中心之外,用埃及人取而代之。其他人很快为1961年7月通过的社会主义化法令而不安,这些法令把私营商业变成国有、由国家主导的企业。对于一个有很多企业家和小商人的国家,这种做法太激进、太突然。不仅是平民们感到不满,军队也开始表现出他们对新政府尤其是埃及统帅部的不满。作为安抚,纳赛尔派他最亲近的朋友和同事、埃及军队总司令阿卜杜·哈基姆·阿米尔去处理叙利亚的不满。阿米尔成功推动了军队的发展,在军队里很受欢迎,但他既不是一个有才干的领导,也不是一个解决麻烦的能手。很快流言四起,说他忙于追求一位阿尔及利亚歌手,对该国内部发生的事情并无多少关注,更不用说尝试抚慰叙利亚的不满情绪。1961年9月,叙利亚部队开进大马士革,把阿米尔从床上惊起,特意用一种恶意嘲讽的方式,把穿着睡衣的他直接送回埃及,陪着他的是身着睡袍的那个女歌手。紧接着是一场民族
140 起义,叙利亚人欢欣鼓舞,摆脱了他们口中的“埃及占领”。

纳赛尔十分震惊。震惊随即转变为反省和思考什么地方出了错,以及对埃及内部事务的重组。他的声望遭受了损害,但他相信自己在民众中仍然有足够的声誉和信任来渡过这次重创,也许甚至能让叙利亚人重新考虑他们的决定。他拒绝更改国名,保留阿拉伯联合共和国的名字,希望叙利亚人改变心意。这个国名让桀骜不驯的埃及人开起了领袖的玩笑,说阿拉伯联合共和国指的是上下埃及地区的联合。

埃及和叙利亚之间的联合让其他阿拉伯国家统治者忧心忡忡。约旦和伊拉克的国王把这当作是对他们王位的威胁。在黎巴嫩,卡米勒·夏蒙(Camille Chamoun)采取了反纳赛尔的态度,转向亲西方的立场,他赞同艾森豪威尔主义,该主义允许美国政府向提出请求的中东政府提供军事援助。这一举动疏远了那些支持纳赛尔的黎巴嫩人,也远离了阿拉伯统一事业。夏蒙还操纵了1957年的议会选举,并试图通过一项宪法修正案,使自己能第二次当选总统,这进一步激怒了反对派。暴力行为爆发,到1958年,内乱发生在亲西方的马龙派基督徒、夏蒙的追随者和亲阿拉伯的支持者之间,后者包括德鲁兹派、希腊东正教徒,甚至还有一些马龙派基督徒,包括担心夏蒙的立场会危害

基督徒在阿拉伯世界的地位的马龙派牧首。内乱很快扩大成为一场全面内战。当战争看起来往亲纳赛尔阵营的方向倾斜时,根据艾森豪威尔主义的条款,夏蒙要求美国派海军陆战队登陆黎巴嫩,但这并没有对形势产生多大帮助。内战很快威胁到所有黎巴嫩商人,无论他们属于哪个宗教派别。当他们的情况变得绝望时,黎巴嫩的经济面临崩溃,带 141
有亲阿拉伯、亲纳赛尔情感的基督徒和穆斯林政治家们的联盟夺得了权力。

在伊拉克,一场危机正在酝酿,并以军事政变告终,政权被推翻,统治精英们被以最残酷的方式屠杀,在阿卜杜·卡里姆·卡塞姆(Abd al-Karim Qasim)将军和纳赛尔的崇拜者阿卜杜·萨拉姆·阿里夫(Abd al-Salam Arif)上校的领导下,一个军事独裁政权建立起来。起初,纳赛尔欢迎伊拉克的新政权,他希望该政权会加入阿拉伯联合共和国,扩大联合体。但是卡塞姆拒绝加入,保持疏远的态度。他很快摆脱了他的合谋者、亲纳赛尔的阿里夫,并同共产党人结盟,在1959年摩苏尔(Mosul)发生的血腥叛乱中,他镇压了亲纳赛尔的派别。不久他就转而反对共产党派别并屠杀了他们,但是他与埃及的关系仍势同水火。

在也门,由反王室的军官领导的革命爆发,最终导致北也门共和国于1962年建立。被废黜的君主,伊玛目巴德尔(the Imam Badr),死里逃生,召集起他的部落成员来对抗革命,由沙特阿拉伯提供资金和武器支援。另一方面,革命者在阿卜杜拉·萨拉勒(Abdallah al-Sallal)的带领下转向埃及求助。埃及一直在宣扬改变政权,所以必须给想要把国家现代化的萨拉勒以援助。然而纳赛尔错误低估了也门王党分子的抵抗,派遣埃及军队前往也门。要是纳赛尔曾经读过任何关于该地区的历史,他就会知道派遣部队去也门是多大的一个错误,因为从来没有任何非本地的军队在那儿赢得过战争。埃及军队陷入了一片崎岖、多山的地形,那里没有道路,是游击战和伏击的理想场所。伊玛目和他的部落成员给埃及军队造成了惨重的伤亡,伤亡人数一度达到70 000人。这次远征消耗了埃及的财力,减缓了其经济发展,浪费了本就稀缺的资源。它还把埃及和沙特阿拉伯变成公开的敌人,几乎到了爆发战争的

边缘。美国支持其盟友沙特阿拉伯,试图对埃及施压结束战争,这进一
142 步疏远了纳赛尔,使他不再信任以后任何美国所作的调解尝试。埃及和沙特阿拉伯之间的对立于1967年结束,当时埃及陷入了同以色列的麻烦。

直到60年代,埃及的经济状况一直在改善。工业化一直是新政权政治纲领中的重点。在革命之前,埃及有一个小规模的工业部门,生产纺织品、加工食品和小家电。埃及银行及其隶属公司积极地为国家工业化出力,但是60%的工业为外国人所有。1955年,新政权通过谈判,在赫勒万(Hilwan)建造了一个钢铁厂。但是高炉出现了裂缝,不得不进行替换。这一工程导致了大量时间和金钱的浪费。赫勒万远离铁矿产地,并非这一工程的理想选址,却出于政治原因被选中。最终,钢铁厂生产出足够的钢铁来满足本土市场的大部分所需。在制造企业比如菲亚特(Fiat)的帮助下,汽车装配厂建成。所有这些工程需要大量的资本,但在当时只能给予极少回报,虽然它们的确为工人提供了就业。需要花费稀缺的外汇的外国进口商品被削减到最低数量,进口替代工业则飞速发展。工厂成功生产出家用电器、炉灶、冰箱和热水器。

为本国所设定的经济目标不切实际,因为他们想通过两个五年计划,在十年内将国民生产总值翻一番,但只有一个五年计划得到实施。荒地开垦工程也是同样雄心勃勃而不切实际。一个在开罗和亚历山大港之间被称作"解放省"的沙漠里实施的工程,结果是花费高、管理差,而且充斥腐败。除了这些缺点以外,国民生产总值(GNP)达到了6%的年均增长,预示着国家的良好前景。一些工程花钱恣意挥霍,另一些则需要从海外谈判贷款,比如高坝工程。埃及同东方阵营国家进行了
143 贷款谈判,以购买更多该国所需但没钱支付的军事装备。

资金短缺是埃及政府一直面临的问题。新政权本可以向工人阶级收税,但不会收到多少,反而会使政权失去主要的群众支持。新政权本可以向军队收税,军队是该政权的主要受益人;也可以向其余人口收税,但是它并没有这么做。唯一被征税的社会群体是政府行政人员。政府上层有腐败现象;大量金钱被截流消失,但没有人为此受到起诉,

甚至也没有任何高级官员为这样的行为被解雇,受怀疑的对象只是被调至政府的其他高级职位。效率低下的现象普遍存在,人们常常基于他们的忠诚度而非才干,被任命到他们不具备资格的职位。而且,要保持军队满意、装备精良,也花费巨大。到 60 年代中期,经济增长的时代要让路给经济困难的时代了。

1961 年,一套新的经济法令改变了该国的经济发展道路,使其重新沿着偏向社会主义路线的方向,往国家资本主义的目标前进。在此之前,除了土地所有制以外的私有财产受到尊重,只有属于英国人和法国人的财产才被国有化(1956 年战争之后)。1960 年国民银行(the National Bank)被收归国有,次年其余银行、全部保险公司和主要企业也都收归国有。这些都成为国有经济部门的一部分,政府拥有 51%的所有权。员工可获得一部分利润,并在各公司的董事会上有代表。任何一人能拥有的最大土地数量被进一步从十年前规定的 200 费丹减至 100 费丹,在 1969 年再次削减一半至 50 费丹。年收入超出 10 000 英镑的部分要收取 90%的税;然而几乎没有人申报这样的收入,因此税款从未被充分地收缴过。直到今天,税务部门充满腐败、人手不足,而 144
且几乎没有强制力。

随着国有化法令而来的是对一个大约 4 000 人的小精英团体的财产进行没收。除了那些财产被没收的人以外,因为这些法令并没有触及既无土地也无股份、没有可纳税收入的平民大众,所以这些法令并没有引起抗议。然而,没收财产和国有化法令的确给政府提供了资本,据说达到 1 亿英镑,这笔钱可以用于进一步投资新的工业项目。对收归国有的财产的赔偿是以国家债券的形式,4%年利息共 15 年,每个被没收财产的个人获得不超过 15 000 英镑的赔偿。

总是处于短缺的外汇进一步减少。政府很难找到资金来满足它的需要,不得不向海外借贷更多资金。也门的战争耗尽了埃及的财富,加速了对东方阵营国家贷款依赖的恶性循环。基础设施由于缺乏维护保养而老旧,几个工程由于缺乏资金而被叫停。1967 年的战争即将进一步摧毁埃及的经济发展,抹平前十年全部的发展所获。

国内的政治局势一直在往一党制发展。早年成立的“解放大会”于1956年改名为“民族联盟”(the National Union),也是唯一的政党。次年,国民议会进行选举,但候选人在竞选之前得经过政府的批准。许多旧政权的成员被剔除,财产被没收或收归国有的,或者任何被怀疑试图组建反对党的人都被剔除。因此最后名单上的名字都是政府支持的候选人。当和叙利亚的联合生效之后,一部新的宪法和一个新的“民族联盟和大会”(National Union and Assembly)建立。与叙利亚联合的破
145 裂再次导致出现一个新的组织,即于1962年成立的“阿拉伯社会主义联盟”(the Arab Socialist Union)。一次全国代表大会被召开,批准了一部最终于1964年被采用的宪章。这一新组织的一半成员本应当来自农民和工人,并作为立法机构行动。然而它在效力方面极为有限,更像是政府的橡皮图章而已。许多埃及人感觉所有这些变化用一句法国谚语描述再好不过,即“越变越是老样子”(Plus ça change,plus c'est la même chose)。所有的这些变化都只是装饰门面,并没有真正尝试去动员群众或建立一个真正的代表机构。人民被一个小圈子所操纵,这个小圈子企图一直保持其权力和既得利益,不愿意同人民共治或分享权力,甚至不希望动员群众,担心迟早群众会转过来反对他们。因此这些组织中没有一个是以独立的方式运作。“阿拉伯社会主义联盟”的主要目的本应是作为群众参与的工具,但它并没有实现这一目标,仅仅是因为行政当局企图要操纵这一组织而不是给它自主权。“阿拉伯社会主义联盟”被用来召集乌合之众(仅在付给他们钱以后),但从未被用来表达人民的呼声。

权力的主要中心仍在军队,军队由受欢迎的阿卜杜·哈基姆·阿米尔领导,他珍惜并保护他的管辖之地并确保它获得多于应得的份额。纳赛尔和阿米尔之间的关系在60年代中期变得紧张。虽然纳赛尔不怀疑阿米尔对他始终不渝的忠诚,但他天性十分多疑,慢慢开始相信阿米尔对军队的控制力也许是对他地位的潜在威胁。为了制衡军队的力量,一个情报机构,即臭名昭著的穆哈巴拉特(*mukhabarat*),被建立起来,用来暗中监视公民、窃听电话、逮捕被怀疑是穆斯林兄弟会成员的

人、共产主义者或其他对政府有敌意的人。虽然该机构总体上很有效率,但它有时也会犯错,比如他们去逮捕一个年老的帕夏却发现此人已经去世十年,或者他们去了错误的公寓逮捕了错误的嫌疑人,或者逮捕 146
了一名有名望的科普特人指称他是穆斯林兄弟会成员。这些行动中的大部分是徒劳无功之举,或是为机构自身服务的举动。埃及群众坚定地站在纳赛尔及其政权身后,穆斯林兄弟会和共产党对他压倒性的民众支持率造成不了多少破坏。这些逮捕行动仅仅使得国家分化,让一个团体对抗另一个,它们的作用是让国家保持不平衡的状态,以便于更好地统治。纳赛尔监视他自己的同僚,甚至监听他们的家,以便他能时刻了解他们所说所想的一切。这种偏执制造了一个有几个政治权力中心的分裂社会,而不是创造一个该国最需要的联合阵线。这种偏执造成了民众间相互怀疑和不信任的气氛,无论是在政府内还是政府外。

埃及和美国的关系也在恶化,尤其是美国海军陆战队于 1958 年登陆黎巴嫩,先进的军事设备——例如霍克防空导弹——被运到以色列,而同时对阿拉伯国家禁运此类武器。当时有说法认为以色列已经发展为拥有核能力。1966 年埃及和叙利亚不计前嫌,加入了一个使以色列人烦恼的军事防御协议。叙利亚和以色列之间发生的大量边境摩擦唤醒了认为与以色列的冲突即将再次到来的情绪,埃及和叙利亚部队在各自的前线集结。

火上浇油的是,苏联大使馆警告埃及人,说以色列人正在叙利亚边境集结部队,准备先入侵叙利亚然后入侵埃及。苏联的错误情报很可能是以色列情报来源提供的。阿拉伯国家,如叙利亚,也在挑起战争中发挥了一部分作用,他们刺激纳赛尔,指责他躲在联合国紧急部队的弹幕之后。以色列人想在他们感觉自己军事力量强大的时机挑起和阿拉 147
伯人的战争,担心未来局势逆转对他们不利。1967 年 5 月,纳赛尔想要以虚张声势的手段摆脱对峙的困境,便要求联合国紧急部队从沙姆沙伊赫撤军,此处是约旦、沙特阿拉伯、埃及和以色列在红海的交界,并对以色列船只关闭了蒂朗海峡(the Straits of Tiran)。这一行动被以色列人当作宣战的借口。

纳赛尔的军事顾问力劝他首先发起对以色列的攻击,但他拒绝了。在美国和苏联两方面的劝告下,他公开宣布埃及不会第一个对敌人发起攻击,他已经准备好通过美国的调解进行谈判,也准备好派一个代表团与美国政府进行磋商。约旦国王侯赛因(Hussein)于 5 月末抵达埃及,与埃及签署了一份防务协议。至此,三个阿拉伯国家和以色列之间,进行军事对峙的准备已经做好。

在整个事件发展过程中,纳赛尔相信他能依靠虚张声势来避免军事对峙,不开一枪赢得战争。因此他拒绝听从他的总司令的意见,总司令要求撤回派往也门的部队,因为他们是唯一经历过一些战斗的部队,但纳赛尔不同意,只派出了刚入伍的新兵前往前线,作为虚张声势的一部分。6 月 5 日,以色列对埃及先发制人,消灭了地面上的空军。没有了空军的掩护,军队和整个国家都暴露给了以色列军队。以军迅速打垮了埃及在西奈的部队,并再次推进到苏伊士运河河岸。叙利亚的戈兰高地(the Golan heights)和约旦河西岸也被占领。

四分之三的埃及空军被摧毁,12 000 人死亡。军队顽强抵抗,但他们的表现还未达到正常水平,尤其是因为缺乏空中掩护。士兵是几乎没有受过训练、缺乏技术知识的农民,他们和军官之间的差距在战场上表现得很明显。让事情更糟糕的是,在前一年,纳赛尔的前任办公厅主
148 任、现任国防部长沙姆斯·巴德朗(Shams Badran),将许多军官调到更有利可图的民事职位。为了建立一个受其恩惠的人际网络,巴德朗给许多军官安排了民事部门的闲职,虽然他们并不胜任,但忠诚要比才干更为重要。当战争爆发,许多军官只得被匆忙召回,指挥他们已经离开了一阵子的部队。最后一根稻草是这一年军队预算也被削减。

惨败摧毁了军队的士气,引起了怨恨情绪。他们逐渐相信他们被纳赛尔利用来玩一场现实政治的游戏,这场游戏失败了,却要归咎于他们。1967 年战败是纳赛尔统治结束的开始。埃及和他本人都被此次事件震惊,比 1956 年入侵时受到的精神创伤更为巨大。纳赛尔不知道该如何是好,于是辞职。在他宣布辞职的几分钟内,群众涌上开罗街头进行了一场很大程度上自发的游行,尽管其中一些人可能是被收买才

参加游行的。群众要求纳赛尔收回辞呈，继续留任。推动着游行群众的普遍情绪与其说是对领袖本人的忠诚，还不如说是一种绝望：“你把我们带入了这样的困境，现在你得把我们弄出去。”纳赛尔收回辞呈，但是他原先的形象已被打碎。那个获胜的、拥有领袖魅力的、挑战强大西方的人物消失了。

在执政层内部，纳赛尔的地位同样被削弱，他相信自己受到了他最亲密的朋友们的挑战。他最初的反应是宽宏大度地自己揽下责任；然后他迅速就把责任推到陆军和空军头上。阿卜杜·哈基姆·阿米尔，纳赛尔最亲密、最长久的朋友，和其他几个高级指挥官一样，为表示抗议辞去总司令的职位。阿米尔第一次坦率地表达他的观点，呼吁给予迄今为止仍然受到严格审查的新闻以自由，要求一个更民主的政府，建立反对党。他要求停止社会主义政策，并强调有必要从与苏联过分亲 149
密的关系中抽身。纳赛尔已经以玩忽职守的罪名将几名空军将领送上法庭审判，他担心阿米尔正在和其他陆军将领密谋剥夺他的权力。的确陆军中有确凿的流言说阿米尔否认纳赛尔采取的行动与自己有关，并责怪纳赛尔没有从也门召回部队。因此，阿米尔和陆军感觉受到了背叛和诽谤，被当作了替罪羊，而且他们很有可能在谋划一次针对纳赛尔的行动。在阿米尔行动之前，纳赛尔就以密谋反叛罪将他逮捕。两周以后，报纸报道阿米尔自杀身亡，全国震惊。几乎没有人相信自杀的说法，很多人坚信他是被总统命令暗杀的。

法庭判决两名空军将领疏忽职守，判决其他人无罪。公众的反应迅速而暴力。人们觉得审判不过是场闹剧，是对正义的嘲弄，学生和工人走上街头举行示威游行。学生们占领了开罗的大学，组织静坐抗议。学生和工人都要求废除“阿拉伯社会主义联盟”，要求一个自由议会和广泛的国内改革。纳赛尔发布了一个新的行动计划，以安抚他们的不满。该计划在纸面上看着不错，但从未被实施；但它的确帮助平息了骚乱。

战败后最有趣的社会现象是圣母马利亚据说在开罗一个偏远的郊区小教堂上空显圣。圣母马利亚在所有埃及人，无论基督徒还是穆斯林的心中，都占有一个特殊的地位——也许是一种对伊西斯(Isis)女神信仰的回归或仅仅因为她是母亲的象征。看到显圣的人声称圣灵包裹着蓝光，其他人则称看到一个女人披着斗篷、怀抱一个婴儿的形象。成千上万的埃及人每晚在教堂外面排队，只为了等到天明的几个小时，期望能看一眼圣母。战争中失去儿子、丈夫和父亲的男人和女人们从显
150 圣中寻找慰藉。也有关于奇迹般的疗效的报道。“社会主义联盟”在教堂前面安排了坐席并收费，这样人们可以舒服地等待显圣。一波宗教的热情席卷全国。此前，科普特修道院由于没有申请者，已经在纷纷关闭，现在却出现了候补名单，名单是如此之长，以至于他们只能招收大学毕业生。《古兰经》学习小组在社会的各个阶层中如雨后春笋般出现，人们转向宗教寻求安慰。连领袖也解释说失败是真主的旨意。

这一信号的含义很明显。虽然失败了，真主还是站在埃及人这一边，并降下圣灵作为安慰。至少这是民众们解释显圣的方式。同其他改革一起，宗教改革也是必要的，对宗教事务的学习有了明显的回归态势，宗教团体也显著复苏。

从1967年开始，埃及的经济形势急剧恶化。埃及已经失去了80％的军事装备，被迫寻求资金以恢复它的武装，沙特人慷慨地支付了账单。沙特和埃及之间关于也门产生的敌意在这些更悲惨的境况下告终，尤其是最终达成了埃及从也门撤军的协议。作为进一步募集现金以支付埃及先前贷款的利息的手段，私营部门被鼓励生产更多出口商品。这一措施帮助偿还了一部分贷款利息，但也为后来萨达特(纳赛尔的副总统和继任者)最终采用门户开放政策播下了种子。

埃及与以色列达成了停战协议，联合国242号决议对其作了补充。242号决议宣布“用武力获得的领土不被承认”，并重新强调领土完整的原则。它要求以色列从“被占领土”撤离。英语译文中所使用的词语模棱两可，提及“领土”但并没有明确是“全部领土”还是“这片领土”。因此以色列拒绝撤军，并在“领土”这个词语上纠结其含义，声称该词并
151 非指的是新近占领的全部领土。埃及接受了这一决议，最终其他所有阿拉伯国家也接受了这一决议，但以色列还是坚持其立场。结果，这一

政治僵局被埃及和以色列之间所谓的“消耗战”进一步扩大,以色列对埃及展开了深入侵袭,攻击不仅针对军事目标,也针对民用目标,直到苏联为埃及提供了地对空导弹,并派苏联飞行员防卫埃及领空。“不战不和”的局势形成。为了回报苏联的援助,纳赛尔允许苏联在地中海建立了一个海军基地。

1970 年 7 月,埃及和以色列最终接受了临时停火,并尝试达成解决方案。暴力冲突的暂停引发了巴勒斯坦人民解放阵线(the Popular Front for the Liberation of Palestinians)所实施的劫持行动。他们试图将世界的注意力吸引到巴勒斯坦人所处的困境上来。侯赛因国王,由于担心这些活动会威胁到他的王位,命令军队在现在所称的“黑色九月”攻击并摧毁约旦的巴勒斯坦难民营。纳赛尔不得不介入,试图在巴勒斯坦人,尤其是巴勒斯坦解放组织(Palestine Liberation Organization)和侯赛因国王之间进行调解。他成功达成谈判,让巴勒斯坦人去黎巴嫩避难,结束了流血冲突。为了达成这一解决方案所花费的努力使纳赛尔身体透支。纳赛尔本来就身患重病;他有糖尿病,还患有小腿动脉硬化。极少有埃及人了解他真正的健康状况,因为他飞去苏联接受治疗,但是苏联医生已经告诫他要避免压力——一个在此刻无法遵从的医嘱。这一年 9 月,在解决了巴勒斯坦问题的峰会结束后两天,他突发严重心脏病,与世长辞。

总统的去世带给埃及人的伤痛和三年前的惨败一样。一场大规模的自发性的悲伤迸发,举国哀悼。在伊斯兰国家,送葬仪式最晚必须在死亡的次日进行,加入为他送葬行列的人比其他任何葬礼都多——根据吉尼斯世界纪录有 400 万名哀悼者——他们表达出对领袖去世的哀 152
伤和对国家未来的绝望。英雄死了,身后留下的是一个部分领土被外国占领、面临许多棘手问题的国家。即使这个英雄有过致命的弱点,但他至少曾经不同凡响,他是一个真正的巨人,曾经支配中东近 20 年,让中东跟随他的节奏。

自由军官们终结了埃及的议会制统治,指责其腐败无能。的确当时各政党和他们的政治家缺乏才干,一小部分人甚至腐败。但是由于议会制度的缺点、宪法的缺陷、国王扮演的角色,以及英国人所起的作用,议会制也失败了。当自由军官们通过驱逐国王将以往的过错一笔勾销、重新开始,并达成谈判让英军撤离埃及时,他们赢得了人民的感激和崇敬。

新政权将财产国有化,但是那部分财产原先属于一小部分精英,他们掌控了该国经济 150 年,却几乎没做过任何提高农民或工人福祉的努力。剥夺最多 1 万个家庭的特权很可能使上百万埃及人的内心雀跃。富裕阶层对穷困阶层的剥削在纳赛尔及其政权下并未结束,但是在新政权下工人和农民至少获得了一些利益、得到了一些物质好处。毫无疑问这一政权是压制性的。它基于站不住脚的指控把人关进监狱,不经审判就行关押。在狱中一些人受折磨、被杀,另一些人遭到虐待和侮辱,但这个政权也给其余百姓带来了对自身、对国家的自豪感,给予他们价值和尊严。

在纳赛尔统治下,一个来自社会较为弱势群体的新的精英阶层崛起并取代了旧的统治阶级。这一改变因而使下层阶级及中产阶级的下
153 层获益。社会主义和国家对资源的占有等新的意识形态被引进,与资本主义和私有企业的旧意识形态发生冲突。新旧意识形态在国营和私营部门同时存在。在接下来的十年,两者争夺主导权。简言之,新政权虽然不允许百姓在政府管理中享有一席之地,但允许他们在表面上参与。新政权声称以人民的名义行动,而实际上执行的是一小部分官僚筹划的政策,尽管如此,该政权还是使人民相信他们参与了决策制定。

纳赛尔的个人魅力是群众对他的政权默从的主要原因。当他用开罗方言对人民讲话,而不是用更正式的标准语时,他让普通民众对他产生认同。他的口号,“我们都是纳赛尔”,在人民的心中荡起了回响。他的个人吸引力带给他的一切,是任何其他领导者所采用的任何其他理性、符合常理的办法都无法达到的。埃及人要么恨他要么爱他,但无法对他无动于衷,连那些恨他的人都得承认他的地位。另一方面,纳赛尔和他的政权并未建立起长期性的制度。一党制当然毫无价值,只是一个橡皮图章而已。新闻自由不存在,媒体只是当局的工具。对政府表

示异议的自由被严格限制,因此所有的反对派被迫转到地下。国家的高压机构是治理的主要工具。更大规模的腐败出现:50 年代,出现了几个滥用权力和公然挪用资金的案子;公司管理中的渎职案件大量发生,新精英阶级的成员被牵连其中。然而极少有案子被寻根究底,指控常常被撤回,因为对官僚体系来说忠诚比其他什么都重要。一部名为"你从何处得到此物?"的法律于 1958 年通过,用于审判无法解释来源的暴富,但是被告也同样很少会被绳之以法。虽然纳赛尔和萨达特自己都没有涉及腐败,但他们都默认腐败是巩固联盟、获得支持、战胜对
手、奖励朋友和盟友的手段。比腐败更糟糕的是,政府体系并没有建立 154
起延续性。官僚体系被政权个人化了。人员被安排到各权力位置不是根据既定的规则,而是通过与其他当权者的私人关系以及根据他们对政权的忠诚度。正常的官僚体系需经历行政的步骤,而实际上的行政实施方式是通过例外的法令、通过庇护关系、通过对掌权者的请求。你认识的当权者是谁要比事情本身的是非曲直更为重要。统治常常是根据既得利益,甚或是一时兴起心血来潮,而不是依据法律和正义。几个权力中心逐渐壮大,几乎发展成为制度。军队是一个权力中心,因为归根到底只有军队默许,该政权才能维持其统治方式。另一个权力中心是情报机构,主导所有其他强制力部门。通过其强制力,它也支配了官僚体系。第三个权力中心是总统的办公厅主任以及那些和总统办公厅有紧密联系的人,因为他们总能以领袖的名义说话。无论领袖事实上是否发出了命令都不会受到质疑,所以他的办公厅的影响力壮大到可以和其他权力中心比肩。领导这些不同组织的个人把他们自己看作真正的权力中心。他们能影响总统,而这个国家由一个男人和他的机构来统治。

尽管纳赛尔犯过所有这些错误,他仍然是埃及唯一一位为广大群众、特别是贫穷的工人阶级做过实事的统治者。他建立了一个福利国家,提高了上百万埃及人的生活水平,直到今天,他们还在赞美纳赛尔,对他的政权抱有怀念。

领袖一死,谁会成为新的领袖?纳赛尔的继承者中没有人拥有他

这般强大的个人魅力，没有人能排斥别人的影响独立掌握任何一个权
力中心，因此内讧无可避免。安瓦尔·萨达特，共和国副总统，自动继
155 任为领袖，但几乎没人觉得他能在任很久，因为人们都觉得他没有背
景、无足轻重、不受重视。曾有几位候选人竞争权力，但萨达特安稳度
过了纳赛尔治下 18 年而所有其他自由军官要么被解职要么卸任，他比
他的对手们要聪明，在这些对手能对他有所动作之前就迅速逮捕了他
们。他向公众宣布，所有的警察档案、电话窃听和高压措施将要终结；
从现在开始，他会以自由主义的形式来治理，并寻求与西方更密切的关
系。埃及的去纳赛尔化时代即将拉开。

# 第七章　从萨达特到穆巴拉克<br>(1970年至今)

开罗人编了一个关于萨达特的故事,充分说明了萨达特政府与纳 156
赛尔政府的不同之处。故事说,萨达特第一天坐上总统专车,等到了一个十字路口,他问司机:“领袖往哪儿拐?”“他往左。”司机回答。萨达特说:“打左灯往右拐。”萨达特相信唯一走出外国占领西奈这一困境的办法是转向西方,尤其是美国,让美国政府对以色列人施压,撤离阿拉伯领土。当谈判看起来不会有什么结果时,他决定打破僵局,进行一次对西奈有限度的进攻,以改变局势,引向他相信会以以色列撤出埃及领土为结果的谈判。从1971年开始,他向民众宣布,这是作出决定的一年。当时间流逝而没有任何决定达成时,人们对他的声明报以嘲弄,说这位新领袖改了日历,把这一年的日子改成了原先的两倍或三倍长。

同时在这一年,在以色列人击落了13架叙利亚飞机以后,萨达特和约旦国王侯赛因、叙利亚总统哈菲兹·阿萨德(Hafiz al-Assad)召开了一次小型峰会。他们同意共同行动抵抗以色列。从那时起,埃及和叙利亚的军官们策划了一次针对以色列的协同进攻,以收复被占领土。

沙特人为重新装备军队支付了账单,苏联人为他们提供了著名的萨姆地对空导弹。更重要的是,苏联人员训练埃及军队使用武器,苏联
飞行员驾驶飞机阻止以色列对埃及进行空袭。1972年7月,萨达特突 157

然宣布他已经要求所有苏联人员离开埃及。这对军队是一次打击,因为虽然苏联人不受欢迎,但军队还是需要他们的技术和训练。更糟糕的是,苏联人离开时带走了对埃及防御至关重要的电子监测设备和干扰装置。

萨达特作出这步行动的理由无人知晓,但有猜测称是因为他希望美国政府能帮助他,以避免和以色列开战。但美国政府没有对驱逐苏联人作出回报,萨达特只能回到他原先的打一场有限战争的计划。这一年余下的时间都用于和苏联人重修旧好,期望他们会继续为埃及提供武器。

决定性的一天于 1973 年 10 月到来,此时正值穆斯林的斋月,全体穆斯林从日出到日落之间都要把斋。这一天也刚好是犹太教的赎罪日(Yom Kippur)。以色列人并没有把埃及的进攻准备当回事,因为他们坚信自己不可战胜,他们已经使阿拉伯人吓破了胆,没人敢对他们发起攻击。埃及和叙利亚的军队同时发起进攻,迅速攻占了以色列的阵地,全世界难以置信地见证了阿拉伯人的最初胜利和陷入混乱的以色列军队。一个以色列人甚至报道说摩西·达扬(Moshe Dayan)含泪建议投降。

这场战争打碎了以色列人不可战胜的神话,但并不就意味着阿拉伯人的胜利,因为一部分以色列军队突破了埃及人的防线,并包围了第三军。两个超级大国都向各自的依附国空运武器,联合国在战争打响 16 天之后于 10 月 22 日要求停火。以色列人无视停火要求,又继续了几天战斗,最终明显在军事上以胜利告终。但是跨过苏伊士运河以及摧毁巴列夫防线(the Bar Lev line)对阿拉伯人是具有象征意义的胜利。这表明他们在军事和技术上已经赶上了以色列;他们也许不会输掉下一场战争。

后来,一些埃及将领指责萨达特阻止他们把初期的军事优势推进
158 至以色列领土内。一些人相信萨达特向美国政府作了承诺,在西奈推进不会越过某一界线,认为他想要的是打破僵局,而不是摧毁以色列。其他人声称埃及的进攻被阻止,是因为以色列威胁要对高坝进行核打

击。各种谣言漫天飞舞。

阿拉伯人经历这次战争之后志得意满。阿拉伯石油国家实施了石油禁运,尽管没什么效果,从石油流通的角度也并未给西方造成什么损失,但禁运被石油公司确立为一个主要议题。对一些东西方国家经济确实产生影响的是随之而来的石油价格上涨,这是由伊朗国王发起,并被其他产油国效仿的措施。数十亿的石油收入流入产油国,因此伊朗国王有能力购买武器,将自己武装成该地区的警察角色,这一角色是基辛格向他建议的。阿拉伯产油国也开始购买武器。

战后,萨达特在埃及内部和阿拉伯世界的形象发生了改变;他开始被当作一位合格的领导人而受到尊敬。先前认为他无足轻重的评价烟消云散;他现在已经是一位名副其实的领袖。

1973 年战争也许打破了同以色列的僵局,但并未夺回西奈,也没有解决巴勒斯坦问题——另一个公开宣布的战争目标。1974 年,一个协议在基辛格的穿梭外交的努力下得以签订。以色列人撤退至苏伊士运河以东几英里,从戈兰高地的一部分地区撤军,但以色列人在把库奈特拉镇(Qunaitra)归还给叙利亚人之前已将其完全摧毁。萨达特把自己的命运和美国人绑在一起,他反复说美国人手里握有 99%能通往和平的牌。他声明放弃与苏联人签署的友好协议,苏联人已经停止为他提供武器或零件。埃及军队的武器库日益老化,而美国人还未开始为他补充武器,要到戴维营协议之后才这么做。

从掌权第一天开始,萨达特就已决定要放弃纳赛尔的国家社会主义,回归到一种接近于资本主义的经济形式。这一趋势在纳赛尔末期 159
已经开始,萨达特加速了其发展。国营经济部门依然保留,但逐渐在减少,被自由企业所代替。纳赛尔的支持者是工人阶级和知识分子;萨达特则转向资产阶级,后者欣然回应。资产阶级被鼓励扩张私营企业,并迅速形成一个企业家和买办阶级。政府和新的精英希望吸引西方资本和技术,和阿拉伯资本及廉价的埃及劳动力一起合作来改善国家的经济状况。吸引投资的尝试并不成功。几乎没有跨国公司有兴趣对埃及投资,担心另一场和以色列的战争也许会毁了这些投资。

一些阿拉伯人的确在埃及投入资金，建造豪华公寓楼，但这属于非生产性投资，不会产生长期性的就业机会却会导致通货膨胀。该政权相信，只要和平降临埃及，埃及就能和新加坡和韩国一样成为跨国集团的避风港。因此可以说萨达特发动十月战争，不仅是为了收复西奈，也是为了让埃及成为实行“*infitah*”(门户开放)经济政策的安全之地，而不再实行先前的保护主义锁国政策、进口替代工业和国家资本主义。

同时，埃及的外债还在增加，国家已无法支付利息。来自美国的外国援助中的一大部分用于食品补贴，很少被用于投资可以帮助发展经济的长期项目。国际货币基金组织建议埃及政府停止补贴，更有效率地使用资金。1977 年 1 月，政府宣布不再发放补贴，食物引起的骚乱立刻在开罗爆发。人们横冲直撞，火烧夜总会——财富和外国影响的标志——和高级轿车，高喊着反对萨达特及其家人的口号。骚乱直到
160 军队开进才被扑灭。这些事件引起了对普通埃及人经济困境的关注，有没有几个皮亚斯特(piastre)[①]就意味着吃饭和饿死的差别。同时，这些事件使萨达特确信他必须迈出更激进的一步，即前往耶路撒冷同贝京(Begin)和以色列内阁谈判，作为打破僵局的出路。

他对耶路撒冷的访问震惊了世界，萨达特跨出这一步被认为充满了勇气和智慧。这次访问在埃及群众面前被解释为为了实现和平与繁荣所必须的行动。同以色列建立和平受到普通民众的热烈欢迎，一连串仿佛不会结束的战争已经让他们饱受肉体和经济的折磨。几乎没有哪个埃及家庭没有在这场或那场战争中失去过一个儿子；和平及结束巴勒斯坦问题的确是令人兴奋的消息。访问耶路撒冷之后就是 1978 年 9 月签署的“戴维营协议”。这一协议疏远了埃及和阿拉伯世界的关系。阿拉伯人在发表对耶路撒冷访问的评论前，一直在等待该访问的结果；他们相信萨达特所说的不会单独媾和，相信他想要达成一个全面的解决方案。但戴维营协议表明萨达特为了收复西奈，确实只就埃及单独媾和进行了谈判，埃及因而被逐出阿拉伯国家联盟，并被断

① 相当于分，1 埃镑＝100 皮亚斯特。

绝和阿拉伯世界的关系。

许多埃及人不赞成戴维营协议。他们认为如果萨达特更精明些，如果他能听从顾问的建议，他本可以赢得更多，但是出于对收复西奈的渴望，他对以色列人在太多方面作出了让步。他们为这些妥协感到不满，也找不到埃及方面如此匆忙、如此慷慨的理由。他们尤其对关于两国互派大使和关系“正常化”的条款感到恼怒，而此时其他什么问题都还没谈成。他们反对关于巴勒斯坦人的条款，这些条款只是搁置而非解决巴勒斯坦问题。因此，虽然每天都有一批批坐着飞机和大巴的以
色列人访问埃及，极少有埃及人飞去以色列，更少有埃及人愿意在社交 161
场合接待以色列人，除非是受到来自政府的压力。尽管存在这样的敌对情绪，事实是埃及已经和以色列签署了和平协议，该协议使埃及不再是以色列的敌国，但却使失去了这一主要作战力量的其他阿拉伯国家更为虚弱。从那以后，以色列人对其他阿拉伯国家和约旦河西岸的居民更加强硬和好战。

开放政策和戴维营协议激起了针对萨达特政权的政治敌意。开放政策带来了猛烈的通货膨胀，直接后果是让依靠固定收入的人群，例如官僚和军队中的大多数人的生活困难起来。同时，该政策使一个新兴买办阶级脱颖而出，兴盛发达，创造了大量财富，并将之用于奢侈品消费。在纳赛尔治下艰苦朴素了十几年之后，消费主义疯狂滋长，巴黎的款式和电子玩具堆满了商店的橱窗。该政策允许大量的蓝领工人移居到盛产石油的国家，也让那些留在本地的人由于工匠和手艺人的缺乏能赚到更高的工资。技术人员也涌向产油国，还出现了法拉欣去海外建筑工地干活的新现象。

官方估计大约有 200 万到 300 万埃及人在海外工作。非官方的数字还要高得多。据政府估计，在海外工作的埃及人，每年寄回约 20 亿美元。许多学者坚持认为这一数字实际上还不到真实数字的十分之一。这笔钱中的大部分，以及任何其他流入该国的资金，很少用于生产性投资，而是被用于购买奢侈品或日用消费品。法拉欣投资土地，土地价格飙升。豪华高层公寓楼的数量急速增长，而中等或低收入人群的

住房需求则被完全忽视。本地产品从商店里消失，腾出地方给更昂贵的外国进口商品。资产阶级鼓励增加供应外国商品和食物的商店和餐
162 馆。例如，虽然对普通埃及人来说价格极高，但销售类似于美国快餐的餐馆兴旺起来，而本地餐馆却无人光顾。被理解为消费主义的西方化，似乎在政府和总统的支持下横扫全国。

1977 年以后，的确有大量钱款流入埃及。一是因为美国给予埃及每年 20 亿美元的补助，全部用于补贴主食，以避免再次发生 1977 年的骚乱。埃及发现了相当数量的石油，因此成为一个产油国，不仅满足自身的需要，还能出口价值 20 亿美元的石油。苏伊士运河和旅游业也各带来 20 亿美元的收入。然而政府还是无法平衡预算，仍依赖来自海外埃及侨民的汇款。因此，富裕和赤贫同时存在，据说新晋百万富翁达到 27 000 人，他们与穷人之间的贫富差距越来越大。

政治上的不满也同时存在。被承诺建立的自由主义体制确实在一段时间内取消了对大众媒体的审查，但审查制度再一次被恢复来压制任何对总统及其行动的批评。政治纲领(*manabir*)作为建立各政党的第一步而确立，政党也很快成形。不过，和政府持有不同意见的政党受到审查，他们的出版社也周期性地遭到破坏或被迫关闭。革命前的旧政权政治家福阿德·斯拉吉·丁(Fuad Sirag al-Din)领导下的新华夫脱党(the New Wafd Party)，批评了萨达特的政策后，该党就被取缔。议会只被允许同意政府的措施，或者配合总统来提出异议。当萨达特在国际舞台上变得愈发著名后，他似乎与他的人民失去了联系。他把自己看成是埃及这一家庭的大家长，无法忍受任何反对意见，甚至容不得对他举动的讨论。他很少咨询他的内阁，或者咨询以后却反他们的
163 建议而行。军队和外交部也受到同样的待遇。当对他的举动，以及对他的家庭成员和姻亲的行为的批评出现后，他让议会通过一条法律，把对他和他的亲近伙伴的政策的攻击定为犯罪。那条臭名昭著的“羞耻法令”(Law of Shame)甚至将埃及人在海外发表反政府言论定为非法。这条法律在 1981 年被用来逮捕了一批身份各异的人士并把他们扔入监狱。这些被逮捕的人中包括穆斯林军事团体的成员，女权主义

者如纳娃勒·赛阿达维(Nawal al-Saadawi)博士——她的唯一罪名是攻击本国的男权统治,著名记者哈桑宁·海卡尔(Hasanain Haikal),以及其他记者、知识分子和大学教授。这 1 500 名人士被捕震惊了全国,尤其是萨达特之后又在一次抨击性演讲中说他的名单上还有 15 000 人。

逐渐地,1973 和 1977 年时萨达特的行动所受到的赞美变成了鄙视,鄙视他和他家属的生活方式、他对舆论的漠不关心,以及他为了和美国与以色列建立更亲密的关系而对阿拉伯兄弟的忽视。如果以色列人对埃及和巴勒斯坦人更大方一些,如果贝京不是这么的不肯妥协,萨达特也许还能给他的形象留点光彩。

萨达特一掌权就把穆斯林兄弟会从监狱里释放,与他们结盟来对抗当时流行的纳赛尔主义意识形态。萨达特鼓励正在抬头的国内宗教潮流,希望借此来达到他自己的目的;通过这么做,他帮助创造了一个他既不理解也无法控制的运动。穆斯林和科普特人中间上涨的宗教热情可以追溯到 1967 年。对以色列战争的失败,圣母马利亚显圣是宗教热情攀升的部分原因。宗教组织在年轻人和老年人中、在大学里和各行各业中都发展出新的追随者。大街上人们穿着的方式发生了明显的变化。妇女开始穿有长袖的长袍,蒙上极易让人联想到修女的头巾。男人们也开始穿着一种更朴素的服装,而非过去流行的宽松衬衣、紧身裤和金链子。一点一点,伊斯兰组织开始对 1977 年后风靡全国的西方 164
化潮流表示出反抗。穆斯林团体成为一个真正的反对派,只不过他们的反对是用传统的方式来表达。毫无疑问,萨达特和纳赛尔一样实行独裁统治,虽然前者的压制程度要低很多。同时,反对者被噤声,于是公民表达不满的正常渠道被堵。许多人加入宗教团体,作为表达不满、要求政府改变的发泄途径。同时,这些宗教团体表示出对西方化的拒绝,尽管不是对现代化的拒绝;他们表现出对门户开放政策及其后果的抗拒、对同以色列和谈结果的拒绝,以及最重要的,他们谴责已然深入政府部门各个层级,尤其是最高层的腐败。

更多对政府及其政策的不满,随着以色列持续针对阿拉伯人的打击而膨胀:炸毁伊拉克的核反应堆,一系列对黎巴嫩的轰炸最终导致对这一不幸国家的占领，约旦河西岸增加的定居点，以及对巴勒斯坦居民的虐待。许多埃及人认为这些事件是戴维营协议的直接结果，协议允许以色列人不受约束的行动，而埃及人则出于担心以色列人也许不会在 1982 年 4 月撤离西奈剩余的被占领土而无法进行抗议或采取行动。穆斯林团体把以色列的行动看作是真主对他们与外国人勾结在一起的惩罚。他们相信只有回归他们的传统和宗教价值才能重塑一个公平的政府，一个远离腐败和权力滥用的政府(这是该政权的特征)，一个与西方保持距离、根据自己的利益而不是听从西方指示行动的政府。

大量各种各样受宗教启发的组织兴起。其中一些有政治上的抱负，组成反对执政党的反对派。所有组织都使用宗教术语作为表达对政府及其文化包袱的批评的手段。这些团体至多也就可以被描述为试
165 图提供社会中缺乏的元素的替代性团体，比如理念、大众动员的手段、对腐败的控制。简言之，他们给社会提供了一个整体论的方法，让宗教原则成为所有活动中行为的指导思想，无论这些活动是关于人与真主的关系还是人与人之间的关系。虽然这些团体数量极少，互相之间完全没有联系，但他们代表了一股新兴的宗教激进主义潮流。这些团体大概可分为两类：一类是接受社会价值体系，仅仅寻求革除腐败，希望通过党派参与国家政治生活来达到目的；另一类是拒绝社会价值体系，试图摧毁这一体系，并建立一个新的体系取而代之。他们有几分像现代的无政府主义者。这些人诉诸暴力和暗杀来吸引支持和关注。他们关于什么是宗教上的正确的理解不同于大部分穆斯林。而且，他们从未解释过希望建立什么样的政府，也未发展过相关理论。他们以过分简单化的方式来谈论问题，似乎对政府和制度抱着幼稚的观点。一些学者把积极参与政治的伊斯兰主义(activist Islam)这一普遍现象描述为群众起义。民族主义运动是资产阶级试图从殖民当局那里暴力夺取统治的起义；之后的军队政变是小资产阶级要从大资本家的支配中脱离的努力；而激进主义的潮流是群众反抗前两个阶级剥削的起义。

萨达特错误地相信这些团体是在模仿霍梅尼(Khomaini)和伊朗革命，他拒绝看到它们只是由内部的争议和不平等酝酿出来的纯粹的

内部问题。好斗的少数派认为不和他们站在一起的人就是反对他们,就不该再被当作穆斯林对待,而必须被作为玷污穆斯林政体的异教徒来处决。对1 500名公民的逮捕刺激了激进团体采取行动。在一次军事检阅中,一些激进分子成功突破护卫在萨达特周围的安保圈,在众人的注意力被吸引到飞行表演的瞬间,他们冲到观礼台,将他射杀。 166

萨达特遇刺震惊了美国政府和人民,仿佛美国失去了他们的一个同胞,但几乎没有触动埃及人。当他同以色列签署了和平条约时,萨达特的确为美国和以色列提供了贡献巨大的服务。美国媒体对萨达特褒奖有加,任何关于埃及人反对萨达特的蛛丝马迹都被审查和删除,因此他被刺杀对美国公众是一次巨大的打击,他们为失去在埃及的盟友而哭泣。不以在公共场合表达情绪为耻的埃及人,却没有为他们领导人的死掉一滴泪。与面对纳赛尔去世时的狂热相对应的,是对这一位领导人死亡的漠不关心。纳赛尔打输了战争,让他的国家被外国占领者入侵,却被看作一个真正的埃及人;而萨达特这位领导人给国家带来和平并收复被占领土,但却跟西方走得太近。这是历史的主要讽刺之一。

纳赛尔和萨达特都作为独裁者进行统治,他们有个人的风格,但是没有任何有效率或长期性的机构制度。两者的统治都由一小群人的支持而实现,这些人实施他们的命令,但也通过他们的职位来扩展庇护圈,培养一个附庸者的网络。总统周围的机构代表一个小团体和他们的既得利益进行统治,不管他们这么做是损害还是有利于国家。这种具有个人风格的治理,基本上就是随性而治(尽管有时候是理智思考的结果),不允许任何反对,也不提供任何公开、被认可的与百姓沟通的渠道。因此,反对只能以间接的方式提出,通过传统渠道,或者个人关系。这样的体系鼓励政府通过颁布特别法令来行使职能,削弱依据法律和公正的统治。无论独裁者有多少个人优点,这样的政府的本质就是属 167
于他个人的,因此缺乏延续性。这是一个由应声虫或者意见很少被重视却常常被忽略的人所组成的政府,因此部长们快速更迭也是常事。最后,这是一个施加一定程度压制的政府,压制反过来激起暴力反应。

每一届埃及政府面临的问题都很多。高坝建设的副作用之一是地下水位的上涨，加之缺乏排水系统来平衡上升的水位，导致农业衰退。因为高坝不允许淤泥通过，土地需要使用更多的化肥来代替淤泥。普通法拉欣买不起化肥，因此收成数量减少，质量降低。失去淤泥的另一个后果是，淤泥过去用来加固三角洲抵御地中海海水的侵蚀，而海水现在正在侵蚀着三角洲。更甚者，聚集在三角洲河口以淤泥为食的鱼类也消失了，导致渔业破产。另一方面，高坝和纳赛尔湖繁育了大量的鱼群，如果渔业和罐头加工业能建立起来，可以为埃及提供所需的蛋白质，但是还没有。在纳赛尔湖边，由于蒸发作用所造成的亚热带气候，可以形成一个全新的农业系统；但那需要一大笔投资，这笔投资尚无眉目。由于增加的湿度破坏了石头，主要的考古挖掘地址都遭到严重的破坏。迄今，高坝带来的一项并非无关紧要的好处是，它使埃及免于遭受影响了苏丹的干旱。

由于人口过剩和农业衰退，农村人口逐渐减少，城市化进程加快。因此城市和乡镇的规模扩大，进一步侵吞农业用地，而垦荒工程的速度跟不上每年流失的农业用地。农村居民受传言诱惑前往城市，觉得能
168 在工厂工作、当建筑工，或更好的是去海外的产油国赚到十倍于在老家的工资。农村劳动力的缺乏导致妇女而非男人在田地里工作、男人则去别处工作寄钱回家的现象。这些汇款无疑有助于经济，但是这一来源最终也萎缩了，因为阿拉伯国家选择使用更便宜的亚洲劳动力，而不是可能还会传播不受当地统治者欢迎的思想的埃及人。类似的问题也困扰着军队。目前，埃及年轻人有工作是因为他们要么在成年时，要么在大学毕业时被征召入伍。如果这些士兵复员回家，他们不会有工作。失业问题已经困扰了几十年。贫穷连同失业处于一个爆炸性的局势。每八个月有超过 100 万个婴儿出生，但只要没有社会保险，没有养老金，没有医疗保险，埃及人就会继续生越来越多的孩子，作为年老以后的保障，希望至少有一个孩子能赡养他们。

门户开放政策和优惠的投资条款在最近才吸引了一些工业进入埃及，政府似乎要依靠西方来获得工业化所需的财政援助。对该政策的进一步强化会导致对西方的资本依赖。一项政治经济学的研究指出，

对西方的依赖也许会导向繁荣,并不一定会像许多经济学家认为的那样导致贫困化。同时,这项研究也猜测门户开放政策的后果是否不会导致劳工斗争,也不会结束埃及宝贵的社会和平。工会仍然由政府主导,在薪水谈判和改善工作条件等方面没有为工人出力。有现象表明,很可能会像其他所有地方一样发展成斗争的劳工意识正在滋生。而且,门户开放政策并不保护本土工业,本土工业无力同充斥市场的外国进口品竞争。进口商喜欢进口奢侈品或日用消费品,因为销售这些产
品一直能获得更高的利润——这带来的问题是在没有提高生产水平的 169
情况下,这个国家能维持多久如此高水平的消费主义。最后,这项研究对外国投资程度增加而投资利润被输出国外会有什么样的后果提出疑问。因为优惠条款的立法是为了吸引外国投资,但外资获得的最终收益还是会离开这个国家。跨国公司同一个买办阶级联合在一起,是否会主导政府,就像他们在许多第三世界国家所做的那样?埃及未来会不会变得更为贫困?这些也许在世界上不是新的问题,因为它们在 19 世纪就出现过,并通过移民和领土殖民来解决,通过一场生产更多作物收成的农业革命和一次工业革命来解决。今天还能依法炮制吗?

这些的确是需要思考的严肃的经济问题,但它们不是仅有的问题。除了经济问题以外,还有埃及与以色列及其他阿拉伯国家的关系问题。戴维营协议之后阿拉伯国家和萨达特双方都对彼此进行人身攻击,萨达特切断了同他们的关系。没有了其他阿拉伯国家的支持,埃及就是一个面积小、人口过剩、贫穷的国家。埃及只有作为阿拉伯世界的领袖时,才能在战略上和军事上成为能与大国对抗的力量。同样,没有了埃及的阿拉伯世界失去了领导力和政治力量。自古以来,埃及需要阿拉伯国家作为其天然的市场和常规的腹地,这一市场一直以来消费了埃及 80%的产品。这一市场已经丢失了。埃及需要阿拉伯世界作为它过剩人口的安全阀,而阿拉伯世界需要埃及在众多领域的专业技术,即使只是为了给从阿尔及利亚延伸到海湾国家的学校提供阿拉伯语教师、医生和其他专业人员。埃及需要获得阿拉伯的投资,而曾经需要埃及的大军来同以色列战斗的阿拉伯国家,由于埃以两国的和平协议,也

不再能依靠埃及军队。

胡斯尼·穆巴拉克(Husni Mubarak,1981—至今①),接任萨达特
170 成为埃及总统,他此前曾被萨达特任命为共和国副总统,并被专门培养成为萨达特的接班人。作为一位有着工作效率高、人品正直的声誉的空军军官,穆巴拉克被纳赛尔选中重建1967年被摧毁的埃及空军。因为穆巴拉克并没有同任何纳赛尔治下或是萨达特掌权早期的权力派别有所牵连,他被萨达特选中成为他的班子的一分子,以确保空军同陆军和警察一样被政府控制。穆巴拉克的工作效率和他对工作严肃实际的态度很快显现出来,他在同阿拉伯国家谈判中发挥了重要的作用,后者喜欢他的风格、尊重他的低调。正因为他的这种行事风格,萨达特选择他作为副总统,作为他自己耀眼个性的陪衬。国内都认为穆巴拉克最终会接任萨达特,除非有不为人知的某人突然出现。

穆巴拉克政权面临一个艰难的局势。经济形势困难,但也不是无可救药,政权也在尝试理顺经济,通过限制进口太多的消费品和平衡贸易数字来弥补滥用门户开放政策的后果。政权也试图鼓励生产性投资,从长远的角度改善经济、提供就业。一个政府为了筹集资本能采取的直白的措施就是向富裕公民征税,但是目前唯一被成功征税的群体就是政府行政人员,他们的工资本来就过低。对新富们采取更严厉的征税手段可能会造成与资产阶级的隔阂,并有吓退外国资本的风险。很多在埃及的外国资本都是通过上一个十年间蓬勃出现的银行提供的。其中一些银行被称作"离岸银行",不受埃及货币规定的管制,这就给该国的经济健康埋下了潜在的威胁。

任何一个官僚体系的运作都是缓慢的,而埃及的官僚体系尤其缓慢,因为人们还不怎么理解新的法律,甚至连那些制定法律的人也不甚了然,所以国家还是在强行建立一个自由市场的尝试和保留部分对穷
171 人有利的国营经济部门的尝试之间摇摆不决。埃及参加海湾战争,欠

① 原著为第二版,修订于2007年,对2006年之后埃及发生的一系列政局变化并未覆盖。

美国大约 45 亿美元的军事债务被免除，成为一个刺激经济复苏的因素，使埃及能够对一部分贷款进行重组，削减用于支付外国贷款利息的资本比例；尽管如此，利率依然相当高，妨碍了国内的工业和农业投资。埃及的外债大约在 300 亿美元的范围内。

自 1984 年始，除了宗教党派以外，任何派别的政党都被允许成立。然而依然由总统选择总理，全体内阁对总统而非议会负责。无论何时举行总统选举，穆巴拉克始终是唯一的候选人，除了在最近的第五次选举中艾曼·努尔成为他的对手。在过去的 25 年中，穆巴拉克政权以一定程度的惰性为特征。新闻界变得更为自由，反对派报纸兴盛起来，但最近的选举的投票率显示百姓们还是远离投票站。这一对政权不满、疏远的迹象，是由经济状况导致，也是出于认为未来不会更光明，政府并不真正代表百姓及其需求的观点。同世界银行和国际货币基金组织的谈判影响不到普通百姓，因此他们也毫不关心。普通人只看到生活成本上涨和给孩子们的就业机会稀缺。国际局势进一步疏远了许多民众，他们无法赞同为了帮助富裕的科威特人，在海湾参战攻打穆斯林同胞，而许多科威特人就住在开罗的豪华饭店里。其他曾经在伊拉克生活，被萨达姆驱逐的人，则兴高采烈地参战和痛打萨达姆，因为萨达姆允诺会把他们的钱汇给他们，但根本没这么做。战争的结果是萨达姆仍然掌权而伊拉克被摧毁，这改变了人们的态度。他们不理解为什么伊拉克必须以这么极端的方式被毁坏，为什么他们的政府纵容西方对 172
一个阿拉伯穆斯林国家如此过分的行为。南斯拉夫和索马里的事件在百姓心中激起了更多的疑问，他们对西方在阻止对波斯尼亚穆斯林的屠杀时的不作为感到不解，当时只有对波斯尼亚穆斯林的武器禁运被一直执行。这加深了关于西方对待整个伊斯兰世界动机的猜疑，这些猜疑又被激进分子关于西方对穆斯林抱有敌意的言论而激化，当西方的出版界充斥着关于“穆斯林之祸”(Muslim Peril)的头条时，这一猜疑更加严重。埃及群众没有被西方化，他们的文化和价值观扎根于作为宗教和文明的伊斯兰，他们不想因为模仿西方及其价值观而失去自己的根或身份，但他们想要西方技术的益处，同时保持他们的身份和他们的文化价值和道德观念。

埃及基本的问题是统治者和被统治者之间的沟通渠道实际上并不存在。本应当作为两者之间渠道的知识分子,放弃了他们的职能,他们全都只为国家服务,也许是出于在纳赛尔政权期间的恐惧,也许是出于信仰。现在他们尝试大胆地表达观点,但统治精英们会倾听吗?唯一能推动政府听取意见的理由是当一部分人威胁要使用暴力的时候。1992 年冬天发生地震之后,发生了一次公众示威游行。这是对那些受灾者几乎没有得到救助的愤慨之情的强烈表达。受灾最严重的地区是在人口密集的地方,那里房屋过于拥挤,建筑物极少遵守官方的建造标准,因此施工质量很差,或者建筑物老旧,在第一波震动中就倒塌了。因为在近期记忆中埃及极少发生地震,政府的反应速度很慢,然后许诺要立刻安置灾民,却要么不见动静要么就是安排到偏远地区。百姓们因此鄙视这些许诺,并组织了一场大规模的公众游行。关于民众游行的记忆提醒了政府 1977 年的事件,当时萨达特不得不调动军队来阻止
173 暴怒的群众在开罗造成进一步破坏。同时激进团体站到前列,给需要的人提供帮助和救济,借此扩大了他们在群众中的受欢迎度。随着激进主义穆斯林团体的崛起,政府不得不把真正的民众游行和由希望压垮政府安全力量的煽动分子带领的游行区分开来。

此时,宗教激进主义风行全国,在妇女中间尤其显著。在街头能看到大量"穆斯林"穿着的妇女,她们来自社会的各个阶层,而女性现在就业比以往任何时期都要普遍。在作为一个内阁部长或银行副总裁的女性身上出现的似乎反常的朴素穿着和被遮盖的头发,仅仅解释了一个事实,即这位女性通过她的穿着表明她是一个虔诚的穆斯林。关于妇女为什么选择她们所说的"穆斯林"风格的服饰有很多原因,一些是经济的,一些是社会的,但最主要的是想申明她们在回归她们社会和宗教的根,避开西方化而非现代化的外部特征。因此妇女使用现代的工具,但摒弃西方的穿着。近些年女性已经变得更有力量,现在有女性团体解释《古兰经》,涉足这先前一直是男性的领域,女性还尝试在工作场所以外建立与男性的平等。努力的结果之一是近期出台了一条法律允许

妇女起诉离婚。然而,诉讼附带的条件是放弃她全部的合法经济权利。18 世纪,妇女可以根据“darar”[①]提出离婚,即如果婚姻不被宣判无效就会对她造成伤害的情况。实际上当时法官没有权力拒绝离婚申诉。这样看起来现代对妇女的婚姻权利更为严苛,继续把妇女当作其丈夫的财产,维持这一在 19 世纪产生的概念。然而,女性也成功地参与议会竞选,有几个关键部门的内阁部长是女性,女性还成功地运营如纺织厂这样的大型企业。

当全球化成为经济活动的基础后,不同群体对它有不同的看法。 174
手工匠兼工人的阶级觉得全球化是祸害,因为他们竞争不过更便宜的进口商品,除非他们在工厂里找到工作。一些工厂更喜欢雇佣女工,因为她们没有工会,工资低,劳动保护少。尽管工会不怎么强大,但的确给男性工人多少提供一些保护,但拒绝接纳女性,把女性看成竞争对手。中产阶级则乐见于能买到更便宜的进口商品。支持全球化的阶级是买办和许多制造出口产品的企业家。经济状况有一定程度的好转,一个新的企业家阶级在赚钱,被纳赛尔关闭的股市现在也繁荣起来。一些人把新的经济繁荣归功于商人贾迈勒·穆巴拉克(Gamal Mubarak),他对一些法律的修改施加了影响,从而使私营企业得利。然而很少有人愿意他接任他父亲成为总统。这是一个在开罗广为传播的流言。穆巴拉克在执政 25 年以后还没有任命一个接班人,人们嘀咕会不会像叙利亚一样成为世袭总统制。以后这会是个棘手的问题。一个更棘手的问题是日益加深的贫富差距带来的后果。

财富的迹象正从埃及的年轻企业家阶级中涌现,他们开办公司和工厂,生产多样化的商品,供应出口和内销。许多人,诸如萨维里斯(Sawiris)家族已经成功将他们的投资扩展到埃及以外。一个富裕的阶层正在用奢侈品消费、新兴百万富翁的外在特征来炫耀他们的财富,而国内大多数人还生活在贫困线附近或以下。这是宗教激进主义兴起的根本原因之一,也是“唯有真主能提供一切”这一概念兴起的原因,因

① 阿拉伯语词,法律术语,意为“伤害、偏见或虐待”。

为在这个国家里没有其他人会这么做。

除了宗教党派以外，各政党已经形成，但唯一一个有力量的就是
175 支持总统的党派——民族民主党(the National Democratic Party)；
其余都没什么影响力。议会实质上就是一群应声虫。当学者
萨阿德·丁·易卜拉欣(Saad Al-Din Ibrahim)制作了一部纪录片，提
及上一次选举中的欺骗性统计结果后，他被指控“诽谤”而被监禁。在
西方世界，尤其是美国的影响下，他才终于获得释放。但很多人都赞同
他的观点，认为那些选举不实，这也部分解释了为什么只有不到一半的
人参加了投票。不作为和愤世嫉俗似乎是政治生活的双重祸害；只有
一个新的思想意识或一个新人引入新的观点时才能解决这两点。在此
期间，人们觉得回归宗教、依赖万能的真主来改变现状才是目标。当美
国催促穆巴拉克进行改革时，他修改了宪法第76条，允许另一位候选
人艾曼·努尔和自己一起参加总统竞选。在他的第四任任期内，穆巴
拉克一直在暗示他不会参选第五任，但他到时就改了主意并且连任。
他也放松了对新闻出版界和反对派的压力，给予他们一些力量。一旦
竞选结束，穆巴拉克获胜，他就把艾曼·努尔扔进监狱，指控他伪造选
举结果，并对出版业和党派进行严格控制。他又延长了两年紧急状态
法的期限，该法令从1981年萨达特遇刺就开始实行。目前的政府还试
图恐吓要求司法独立的政治家和法官。承诺的改革再一次被取消，高
压重新树立。难怪普通百姓都是坚定的愤世嫉俗者。

恐怖主义在埃及经历了不同的阶段。最早发生于1992年，直到
1997年恐怖主义都针对外国人。恐怖分子袭击游客，因为游客把钱带
进埃及，帮助了政府。他们相信把游客吓跑会使政府破产，并引发变
化。这当然是这些无政府主义者的逻辑。后来，在1993年，恐怖分子
直接袭击政府，试图刺杀内阁部长。政府对宗教激进团体的镇压，大面
176 积地逮捕和监禁大约20 000名嫌疑犯，终于终结了恐怖行动，特别是
其中一个主要团体于1999年宣布不会再诉诸暴力。2000年，旅游业
带来了约40亿美元的收入。进一步的镇压行动得到执行，两三年的时
间内没有发生恐怖行动。2004和2005年在红海地区发生的恐怖行动

针对的是以色列游客,但其他国家的游客也惨遭杀害。最近一次发生在 2006 年的恐怖活动杀死的埃及人要多于游客,有怀疑认为这是轻易渗透入西奈的外国势力的行为。然而很难了解谁在幕后操纵这些事件,虽然一些贝都因人遭到逮捕。最近的这些恐怖行动背后的逻辑似乎适得其反,因为它们也许反而更多损害的是靠旅游业生活的普通埃及人的利益,而不是政府。如果此种行为的目的是激起百姓反对政府,那么它们没有成功,反而引起了很多百姓的敌意。

埃及不是一个容易治理的国家。它有许多问题,没有足够的资源,人口增长过快,大部分是年轻人。没有简单的解决方案。一些人相信在高层似乎已经变得普遍的腐败是问题的根本,但那仅仅是问题之一;主要的问题是经济,政府效率低下,工业需要大规模投资,以及对财富更公平的分配。也需要一种新的意识形态能使年轻人为之向往,诱导他们抛开原先同政府的隔阂,即需要更大程度的自由化和一个清楚地代表社会全部阶层,而不仅是最富裕阶层的政府。所有这些都需要时间和努力,但埃及人是有韧性的;任何一个在十年内人口增长超过 2 000 万还能应付下来没有崩溃的国家都能证明这一点。时间会证明政府是否能学会变得更有责任感、能作出更迅速积极的反应,百姓是否能依体制而行而不是诉诸暴力,试图从体制外解决。

现在要看出 2005 年的第五任总统任期会把埃及带向何处还为时 177
过早,但似乎百姓中有一种愤世嫉俗的观点认为不会发生什么大的不同。除非自由主义体制被恢复,内阁对一个通过真正、诚实的选举程序,由民众选举出来的议会负责,腐败被根除,效率低下——漠不关心和希望破灭的结果——被取代,否则反对派会变得更为强大、更激进好斗。

# 参考书目摘要

## 第 1 章

关于公元 7—13 世纪埃及历史的主要参考书目为阿拉伯史学家或是用阿拉伯语写作的史学家的著述。他们是 ibn al-Athir, al-Masudi, al-Tahari, Suyuti, 以及晚一些的 ibn Taghribirdi 和 al-Maqrizi。除了极个别作品外,这些著述都还未被译成英文(除了 ibn Taghribirdi),但是在以下的大部分书中都被引用。Fazlur Rahmam, *Islam* (Anchor, 1968)为读者提供了关于作为宗教的伊斯兰的基本知识,而 Philip Hitti, *A History of the Arabs*(Macmillan, 1946)一书按时间顺序记叙了直到阿拔斯王朝的阿拉伯扩张历史。J.B. Glubb, *The Great Arab Conquests* (Hodder and Stoughton, 1963)和 Gaston Wiet, *L'Egypte arabe*(Paris, 1937)都记述了同样的征服史,前者的重点在于军事方面,后者主要集中于艺术和建筑。J.J. Saunders, *A History of Medieval Islam*(Routledge, Kegan Paul, 1965)是对同一时期的一个简明兼具分析性的叙述,专门为研究该时期的人所写,但也适用于普通读者;而 Marshall Hodgson 的 3 卷本杰作 *The Venture of Islam* (Chicago, 1974)提供了对阿拉伯和伊斯兰世界的全部历史的一个整体性诠释。后一部作品只有最无畏的学者才敢于阅读,因为它使用了一套新的词汇,足以让大学新生哭泣,只有该领域的专家才能欣赏其中妙处。这并不是要让潜在的读者泄气,因为它是现有的最好作品;这里只是想要提请注意存在的困难。关于图伦时期的著作不多,其中之一是 Eustace K. Corbet,"Life and Works of Ahmad ibn Tulun",刊登在 *the Journal of the Royal Asiatic Society* (1891), pp. 527—562。Z. M. Hassan, *Les Tulunides* (Paris, 1933)是用法语所写的关于该王朝更详尽的叙述。W. Ivanow, *The Fatimids* (Cambridge, 1940)和 de Lacy O'Leary, *A Short History of the Fatimid Khalifate* (Dutton, 1928)一样,也都对图伦王朝进行了充分地叙述。Stanley Lane-Poole, *A History of Egypt in the Middle Ages* (Methuen, 1901)仍然是一部受到广泛认可的著作,因为它大部分取自当时史家们的作品,尽管他的一些翻译存在问题。关于萨拉丁和十字军的时代,有一些杰出的研究,包括 S. Runciman, *A History of the Crusades* (Cambridge, 1951—1954) 3 卷本, Kenneth Setton(ed.), *A History of the Crusades* (University of Wisconsin, 1955—1957) 4 卷本, A. Ehrenkreutz, *Saladin* (State University of New York, 1972), 以及 Stephen Humphreys, *From Saladin to the Mongols* (State University of New York, 1983)。

## 第 2 章

这一段时期记叙在 al-Safawi 和 al-Suyuti 的编年史中,已由 Philip Hitti 翻译为 *Who's Who in the Fifteenth Century* (New York, 1927),也出现在由 W. Popper 翻译的 ibn Taghribirdi 的书中 (Berkeley 1915—1960),虽然并没有全部翻译。David Ayalon,研究该时期的最著名的历史学家之一,著有 *Studies on the Mamluks of Egypt: 125—1517* (Variorum Reprints, 1977)及 *Gunpowder and Firearms in the Mamluk Kingdom* (Cass, 1978)。一部主要集中于描写叙利亚城市社会同时也告诉我们很多关于马穆鲁克社会的精彩研究是 Ira Lapidus, *Muslim Cities in the Later Middle Ages* (Harvard, 1967)。Michael Dots, *The Black Death in the Middle East* (Princeton, 1977)描绘了袭

扰埃及和该地区其他地方的瘟疫及其对人口和经济的毁灭性影响。J.B.Glubb, *Soldiers of Fortune: The Story of the Mamluks* (Stein and Day,1973)也很值得一读。

## 第3章

P. M. Holt, *Egypt and the Fertile Crescent* (Longmans,1966)提供了一个关于奥斯曼征服埃及的简要叙事,并一直把读者带到1922年及现代的兴起。Ibn Iyas, *An Account of the Ottoman Conquest of Egypt* (trans. Royal Asiatic Society,1921)对早期事件有更详细的描绘。马穆鲁克后期的历史可参见Shafik Ghorbal, *The Beginnings of the Egyptian Question and the Rise of Mehemet Ali* (Routledge, 1928)。Stanford Shaw, *Ottoman Egypt in the Age of the French Revolution* (Harvard,1964)是Huseyn Effendi关于马穆鲁克治下的埃及行政管理的论文的翻译及注解,而Andre Raymond有着巨大影响的2卷本著作*Artisans et commerçants au Caire au 18ème siècle* (Damas,1973—1974)是关于该时期经济史的必读书。Afaf Lutfi al-Sayyid的书, *Women and Men in 18th century Egypt* (University of Texas,1995)是关于社会阶级的研究, Nelly Hanna, *In Praise of Books* (Syracuse,2003)是一部开罗中产阶级的文化史。

## 第4章

W. E. Lane, *An Account of the Manners and Customs of the Modern Egyptians* (Nattali,1949)是一部既有启发性又有娱乐性的社会描写。Henry Dodwell, *The Founder of Modern Egypt* (Cambridge,1931)半是历史半是穆罕默德·阿里的传记。Helen Rivlin, *The Agricultural Policies of Muhammad Ali* (Harvard, 1960)所覆盖的内容远多于其书名所指。提出新的历史观点的作品可参见Afaf Lutfi al-Sayyid Marsot, *Egypt in the Reign of Muhammad Ali* (Cambridge,1984)。这一世纪的通史见John Richmond, *Egypt*

*1798—1952*(Columbia,1977),这是一本信息丰富、见解敏锐的书,还可参见 Afaf Lutfi al-Sayyid Marsot, *Egypt and Cromer* (Murray, 1967), A. Goldschmidt, *A Concise History of the Middle East* (Westview,1979)以及 John Marlowe, *World Ditch: The Making of the Suez Canal* (Macmillan, 1964)和 *Anglo-Egyptian Relations: 1800—1956* (Archon,1965), F. H. Lawson, *The Social Origins of Egyptian Expansionism during the Muhammad Ali Period* (Columbia 1992), K. M. Cuno, *The Pasha's Peasants* (Cambridge 1992),这些都是对这一时期提出新的历史解释的研究。

## 第 5 章

Afaf Lutfi al-Sayyid Marsot, *Egypt's Liberal Experiment* (University of California, 1977)从埃及人的角度考察了这一时期。Jacques Berque, *Imperialism and Revolution* (trans. Faber,1972)是一部视角广泛的不朽的社会史,并包括了纳赛尔时期。P. J. Vatikiotis, *A History of Egypt from Muhammad Ali to Sadat* (Johns Hopkins, 1980)是对他一部旧作的更订,其中关于 20 世纪 40 和 50 年代的部分尤其精彩。Peter Mansfield, *The British in Egypt* (Holt, Rinehart, and Winston,1972)是一部精心写成的历史,而 Richard Mitchell, *The Society of the Muslim Brothers* (Oxford,1969)是关于穆斯林兄弟会最好的一本书,Malak Badrawi, *Political Violence in Egypt: 1910—1925* 探讨了早期恐怖主义。

## 第 6 章

Tom Little, *Modern Egypt* (Praeger, 1967), Peter Mansfield, *Nasser's Egypt* (2nd edn, Penguin, 1969)以及 John Waterbury, *Egypt: Burdens of the Past, Options for the Future* (University of Indiana, 1978)都是关于该时期的通史。Michael Hudson, *Arab Politics: The Search for Legitimacy* (Yale,1977)也许是关于整个地

区比较政治的最佳分析研究。Malcolm Kerr, *The Arab Cold War: Gamal Abd al-Nasir and his Rivals, 1958—1970* (3rd edn, Oxford, 1971)是研究阿拉伯人内部的竞争和敌意的佳作。William Quandt, *Decade of Decisions: American Policy towards the Arab-Israeli Conflict: 1967—1976* (University of California, 1977)详细地叙述了美国的态度，该书清晰明了的风格适合于参与决策的人。Robert Mabro, *The Egyptian Economy 1952—1972* (Oxford, 1974)展现的是一位经济学家关于这一时期的观点，而 Mark Cooper, *The Transformation of Egypt* (Croom Helm, 1982)和 John Waterbury, *The Egypt of Nasser and Sadat* (Princeton, 1983)都给出了关于两个时代比较经济史的论述。A.I. Dawisha, *Egypt in the Arab World: 1952—1970* (Halsted, 1977)也值得一读。

### 第 7 章

前面提到的 Cooper 和 Waterbury 两人的书都是关于 20 世纪 70 年代很好的材料，而 M. Kerr and S. Yassin(eds.), *Rich and Poor States in the Middle East* (Westview, 1982)是一部精心挑选的论文集，里面收集了本土和西方主要学者们精彩的分析和引人思考的文章。Amira al-Azhary Sonbol, *The New Mamluks* (Syracuse: 2000)是一部发人深思的研究；Saad el Shazly, *The Crossing of the Suez* (American Mideast Research: 1980)是一部军事回忆录；R. A. Hinnebusch Jr, *Egyptian Politics under Sadat* (Cambridge: 1985), Mohamed Heikal, *The Rood to Ramadan* (Collins: 1975), Mohamed Heikal, *Autumn of Fury* (Andre Deutsch: 1983)都讨论了萨达特的生与死。

读者还可以参考 the *Encyclopedia of Islam* 以及 the *Middle East Journal* 和 the *International Journal of Middle East Studies*。

# 索　引

（索引条目后数字为原书页码，即本书边码）

**D**



**E**



**F**



**G**



**H**



**I**

O



P



Q



R



S

**T**



**U**



**W**



**Y**



**Z**